민주적 선거를 위한
선거제도 개편

이 부 하

pnc
publishing and culture
피앤씨 미디어

Veränderung des Wahlsystems für die demokratische Wahl

Prof. Dr. Boo-Ha Lee

2015
PNC Media

머리말

부족하지만, 「민주적 선거를 위한 선거제도 개편」이라는 전문 학술서를 두려운 마음으로 내놓습니다. 이미 여러 학문적 스승과 동료에 의해 이 분야의 논문과 저술이 있어서 저술에 많은 도움을 받았습니다. 헌법과 공직선거법에서 추구하는 선거제도에 대한 연구와 그에 덧붙여 발전적인 대안을 제시하려고 했습니다.

매우 전문적인 내용이 많아서 읽는 분들에게 본서의 내용이 잘못 전달되지는 않을까하는 우려도 있습니다. 본 저서를 준비하면서 나름대로 연구하였지만, 부족한 부분이 많이 있습니다. 이러한 부분은 미완성성과 개방성으로 남겨두고 추후 계속하여 연구하여 체계적으로 정리할 여지를 남겨 두겠습니다. 개인적 학문 역량의 부족과 집중과 선택의 어려움으로 인하여 제대로 전달하지 못한 부분에 대해 이해와 양해를 부탁드립니다.

개인적으로는 절차탁마(切磋琢磨)의 정신으로 학문을 배우고 닦음으로서 헌법학의 발전과 국민의 기본권 보장에 조그마한 도움이 되었으면 하는 바람으로 저술하였습니다. 헌법 분야의 대가이신 저의 스승 독일 쾰른대학교의 Prof. Dr. Depenheuer 님께 감사의 말씀을 드립니다. 늘 노력하는 자세를 견지하도록 채찍과 격려의 말씀을 해 주신 여러 학문적 스승님들과 이 책의 출판을 위해 도와주신 출판사에 감사의 말씀을 드립니다. 교정을 도와 준 영남대 로스쿨의 한수산 예비법조인에게도 감사의 말을 전합니다.

2015. 9.
경산 연구실에서
저자

차 례

제1장 서 론

제2장 선거의 의미와 우리나라 선거제도의 연혁

제3장 일반적 선거원칙과 그 원칙의 적용

제4장 선거제도와 선거절차

제 5 장 선거운동의 자유

제 7 장 독일 선거제도의 도입 여부

제 8 장 우리나라 선거제도의 성공적 실현을 위한 전제조건

제9장 결 론

제 1 장

서 론

CHAPTER

01 서 론

Ⅰ. 목적 및 필요성

헌법재판소가 2001년 7월 19일에 지역선거구에 표출된 유권자의 의사를 정당에 대한 지지의사로 의제하여 비례대표의석을 배분한 공직선거법 제146조 제2항을 위헌선언하였고, 이에 따라 2004년 3월 12일 개정된 공직선거법 제146조 제2항 단서에 의하여 1인 2표에 의한 정당명부식 비례대표선거제가 도입되었다. 선거에 대한 정확하고 충분한 연구와 분석이 선행되어야 선거의 공정성과 신뢰를 구축할 수 있고, 민주주의의 성공으로의 초석이 될 수 있다.

본 연구는 특히 독일의 선거제도에 대한 분석을 중심으로 그 문제점을 보완하여 새로운 해석을 시도하고 그 결과를 우리나라 선거제도에 알맞게 적용하고 발전적인 대안을 제시하고자 함에 연구의 목적이 있다. 또한 현재의 비례대표제에 의한 의석배분방식이 각 정당에게 어떠한 영향을 미치며, 과연 비례대표선거에 있어서 이상적인 의석배분방식이 무엇인지를 연구한다. 이렇게 함으로써 국민의 진정한 투표의사가 제대로 반영될 수 있는 제도적 틀을 마련함에 연구목적이 있다.

선거에 있어서 중요한 요소 중 하나는 민주적 정당성을 확보하는 것이다. 이를 위해서는 선거인이 자유롭게 후보자를 선택할 조건이 확보되어야 하며, 선거인의 의사가 정확하게 반영되어야 한다. 따라서 선거제도에 있어서 국민의 의사를 얼마나 정확히 반영하느냐는 그 성패를 판가름하는 열쇠이기도 하다. 독일의 경우 비례대표 의석배분방식으로 돈트 식, 해어/니마이어 식 및 생라그/쉐퍼스 식 등이 있다. 과연 어느 의석배분방식이 헌법이 요구하는 선거권자의 진정한 의사를 반영하느냐에 대한 연구결과와 그 기준이 설명되어야 할 필요성이 있다.

1. 기존의 선거원칙 및 이론의 재정립 필요성

선거원칙이 구체적인 현실에서 어떻게 적용되는지를 법이론적 및 실증적으로 평가하고 이에 대한 기존이론을 재정립한다. 선거원칙이나 선거에 관한 이론이 선거인, 피선거인, 정당에 대해 어떠한 영향력을 미치는지를 심층적으로 연구할 필요성이 있다.

2. 비례대표선거의 의석배분 원칙과 방식에 대한 새로운 법이론적 토대마련 필요성

어떠한 이유와 논리에서 비례대표선거의 의석배분에 있어서 돈트 식이나 해어/니마이어 식 및 생라그/쉐퍼스 식 중에서 특정한 방식을 선택하는 것이 법이론적으로 타당한지를 연구할 필요가 있다. 어느 방식이 특정 선거후보자나 정당에게 유리하거나 불리한 지 여부를 분석할 뿐만 아니라, 헌법적으로 정당화되는지 또는 어떠한 선거원칙에 반하는지 여부를 연구할 필요성이 있다.

3. 실제 선거현실에 적용 가능한 법제도의 연구 필요성

독일의 비례대표선거제에서 유용한 이론 및 방식을 최근 국회의원선거결과에 적용하여 검토하고, 우리나라 현실에 적합한 의석배분방식을 연구한다. 비례대표선거에 적합한 해석론 및 입법론의 개진함으로써 정치한 이론을 바탕으로 하면서도, 실제 적용가능한 법이론을 제시할 필요성이 있다.

Ⅱ. 저술의 범위

본서에서는 독일의 비례대표선거제에서 의석배분방법을 실증적으로 분석하려 하며, 그 대상을 한국과 독일의 법현실과 법규범으로 한정하고자 한다. 본 연구는 현실적이고 실용적으로 결과를 도출하여 연구의 성과를 극대화하기 위해, 규범의 측면뿐만 아니라 법현실의 측면에서 접근하여, 한국의 선거현실과 선거법, 독일의 선거현실과 기본법 및 선거법 등을 통합과학적으로 검토하도록 한다. 또한 구체적인 선거결과를 위주로 파악하기 위해 통계자료들을 바탕으로 법학 이론과 연관지어 설명하고 연구하도록 한다.

본서에서는 제2장 「선거의 의미와 우리나라 선거제도의 연혁」을 개관하고, 제3장 「일반적 선거원칙과 그 원칙의 적용」, 제4장 「선거제도와 선거절차」, 제5장 「선거운동의 자유」, 제6장 「선거 참여 확대를 위한 선거제도」, 제7장 「독일 선거제도의 도입 여부」, 제8장 「우리나라 선거제도의 성공적 실현을 위한 전제조건」으로 대별하기로 한다.

제 2 장

선거의 의미와 우리나라 선거제도의 연혁

CHAPTER

02 선거의 의미와 우리나라 선거제도의 연혁

Ⅰ. 선거의 의미와 선거권의 법적 성격

선거권은 민주주의 국가에 있어서 핵심적인 기본권이며, 선거권의 보장 여부는 민주주의 실현 정도를 판단하는 시금석이다. 민주적인 헌법국가에서 선거의 의미를 살펴보고, 선거권의 법적 성격을 논의해 본다.

1. 민주적인 헌법국가에서 선거의 의미

일반적으로 '선거'라 함은 다수의 선거인에 의한 공무원의 선임행위라고 한다. 선거가 국민의 대표기관을 선임하는 행위하고 하면 '선거인단의 의지와 당선인의 의사와의 합의'라는 점에서 공무원의 임명과 법적 성질을 같이 한다. 다만 '임명'이 단독기관에 의한 위로부터의 기관선임행위임에 반해서, '선거'는 아래로부터의 일종의 합동행위적인 다수의사를 바탕으로 하는 국가기관의 구성[1]이라는 점에서 그 성질이 다르다. 민주적인 입헌체제와 관련해서 볼 때 대표자를 선임하는 행위인 선거는 '합의에 기초한 정치'를 위한 민의를 대표하는 기관을 구성하는 것이고, 투표권의 행사가 '대표자'에 대한 정치적 의무를 부여하는 것이라는 점에서 선거와 대표는 불가분의 관계에 있다.

1 김철수, 헌법학개론, 170면; 안용교, 한국헌법, 214면.

(1) 민주적 정당성을 지닌 권력배분의 체계로서 선거

국회는 간접적으로 국민의 의사결정에 근원한 국가기관이다. 선거는 국가기관과 국민간의 중요한 연결고리로서 기능한다. 선거는 국민의 선거에 의해 선출된 국가기관에게 민주적 정당성을 부여한다. 선거에 의한 국가조직 구성은 필수적인 절차이다. 국가기관이 정치적 의사를 구현하기 위해서는 선거라는 민주적 정당성이 필수적이다.

(2) 선거의 목적

선거를 통해 달성하고자 하는 바는 다수의 투표를 획득한 정당이 정부를 구성하고 국가조직을 창출하도록 하는 것이다. 따라서 선거는 인물과 정당을 선출하는 작업이다. 결국 선거에 있어서 중요한 것은 인물과 정당의 선택에 있어서 국민의 의사를 정확히 반영하는 것이다. 국민의 이해관계가 표출되어 국민의 이익을 대변할 대표자를 선출하는 과정이다. 의회에서 차지하는 정당의 의석율과 득표율이 일치하면 일치할수록 그 선거제도는 공정하고 민주적이라 할 수 있다.

(3) 정치적 인물의 창출과 충원으로서의 선거

정당은 정치적 인물을 공천하고 그를 통해 정치인으로서 공직자로 선출되도록 하는 선거과정을 거친다. 정당의 공천과정은 이러한 의미에서 민주적이어야 한다.

(4) 정치적 생활의 주기적인 변화로서의 선거

정당이 주기적인 참여와 노력에 의해 국민들의 지지를 받으려고 하는 선거는 정치적 생활의 리듬(Rhythum)이자 한 단락이다. 정치적인 생활을 새롭게 재정비하는 한 국면이다. 선거는 정치를 가능하게 하고 정치적 경력을 세우게 한다.

2. 선거권의 법적 성격

선거는 다수의 선거인에 의한 공무원의 선임행위이다. 그렇다면 주권자인 국민이 선거인으로써 선거에 참여하여 투표할 수 있는 권리를 의미하는 선거권의 법적 성질은 어떻게 파악할 수 있는가 하는 것이 문제된다. 이에 관해서는 다음과 같은 견해가 대립되고 있다.

(1) 개인적 권리설

이 견해는 선거권을 주관적 공권이라고 보는 견해를 말한다. 이는 근세 초기의 자연법학자들에 의해서 주장된 것으로 국민주권의 원리상 국민은 모든 주권행사에 참가할 권리를 가지고 있고, 투표권을 의미하는 선거권은 인간의 자연권에 속하는 것이라고 한다.[2] 이 견해는 민주정치의 계몽적 이론으로서 선거권의 확대, 보통선거의 실현에 큰 영향을 미쳤다.[3]

우리 헌법재판소도 구(舊) 국회의원선거법 제33조와 제34조의 위헌심판에서 "국민이 국정에 참여하는 참정권은 국민주권의 상징적 표현으로서 국민의 가장 중요한 기본적 권리의 하나이며, 다른 기본권에 대하여 우월적 지위를 가진다. 따라서 이러한 국민주권이 현실적으로 행사될 때에는 국민 개인이 가지는 불가침의 기본권으로 보장된다. 그 기본권은 대리행사를 시킬 수 없는 국민 각자의 고유의 주관적 권리이고, 참정권의 행사와 보장도 개인주의 사상에 기초를 두고 그 개인의 인격을 기본으로 하고 있다"[4]고 판시하여 선거권의 기본적 권리성을 인정하고 있다.

(2) 공무설

이 견해는 선거권을 국가기관의 선출이라는 국가목적을 위하여 국가가 국민에게 부여한 공무라고 보는 입장이다.[5] 선거권을 공무로 보는 입장은 프랑스에서 발생하여 독일의 국가주의적 실증법학에 의하여 발전된 것이다.[6] 즉 프랑스혁명시 국민주권원리에 의하면 선거인은 선거를 하지만 그 투표행위는 권리가 아니라 기능이며, 이 기능은 하나의 의무이다. 왜냐하면 선거인은 그

---

2 杉原泰雄, 參政權論についての覺書, 法律時報, 52券 3號, 71頁.
3 안용교, 전게서, 215면.
4 헌법재판소 1989. 9. 8. 88헌가6, 헌법재판소판례집 제1권 208면.
5 김철수, 전게서, 676면.
6 山本浩三, 選擧權の本質, 日本公法研究 第42號(1980), 27頁

에 따를 의무를 표명할 만하며, 선거인이 투표할 권리를 가지는 것은 국민의 의사를 표명할 만하기 때문이다. 이 투표할 권리는 하나의 의무로서 적어도 하나의 정신적 책무[7]라고 보았기 때문이다. 그리고 이러한 프랑스의 입장이 법실증주의에 입각한 독일의 국법학자들에 의해 보다 압도적으로 지지되면서 발전하였다.[8]

(3) 권한설

이 견해는 옐리네크에 의해 주장된 것으로서 선거를 선거인이 국가기관의 선임행위에 참가하는 선거인단으로서 행사하는 국가기능에 불과하다고 본다. 즉 그에 의하면 개인은 국가의 직무를 행함으로써 국가기관이 되며, 기관으로서 어떤 독립된 권력도 갖지 않고 국가의 권한만을 가질 뿐이다. … 선거인도 선거인단의 구성원으로서 의회의 형성에 관여할 때에는 독립된 개인으로서가 아니라 국가기관으로서 행위를 하는 것이다. 선거는 국가의 직무이고 개인은 결코 그 주체가 될 수 없다고 하였다.[9]

(4) 2원설

이 견해는 선거가 국민의 대표기관인 국회를 형성하는 국가목적적 활동이므로 선거권의 공무적 성격을 부인하기 곤란한지만, 다른 한편 선거권은 선거인 개인의 국가기관으로서의 활동에 한하지 않고 개인이 국가의사의 형성에 참여할 권리로서 정치투쟁의 과정에서 획득된 것이다. 따라서 선거는 국가목적을 위한 공무인 동시에 선거권은 헌법과 선거법에 의해 보장된 개인의 주관적 공권으로서의 성격을 가지는 것이라고 한다.[10]

(5) 소 결

생각건대 이상과 같은 견해의 대립은 선거의 의미를 파악하는 방법상의

7 성낙인, 민주주의적 원리와 선거, 금랑김철수교수 정년기념논문집(한국헌법학의 현황과 과제), 1998, 179면.
8 山本浩三, 前揭論文, 31頁.
9 Jellinek, System der subjectiven öffentlichen Recht, 1919, S. 137.
10 杉原泰雄, 前揭論文, 72頁.

차이에서 나오는 것이다. 권리를 국가의 활동에 참여하는 지위라고 파악하면 선거권은 참정권의 일종으로서 헌법이 보장하는 주관적 공권이라고 할 수 있다. 뿐만 아니라 선거 없이는 의회정치가 존립하지 못하기 때문에 동시에 유권자가 수행해야 할 공무이기도 하다.[11] 이러한 의미에서 선거권은 권리이자 공무수행이라는 양면성을 가진다는 이원설이 타당하다고 생각한다. 현행법상 헌법 제24조가 국민의 선거권을 보장하면서 공직선거법 제6조 3항에서 선거권자는 성실하게 선거에 참여하여 선거권을 행사하여야 한다고 규정한 것도 이원설의 입장에 서 있는 것이라고 할 것이다. 공무라고 하여도 이 때의 의무는 이행을 강제할 수 있는 법적 의무라기보다는 책무(Obligation)라고 보아야 한다. 그렇다고 해도 선거권은 권리의 성질에 초점을 두고 파악해야 한다. 왜냐하면 공무로서의 성격은 선거권을 공공적 입장에서 행사한 후에 나타날 수 있기 때문이다.

Ⅱ. 우리나라 선거제도의 연혁

1. 우리나라 국회의원 선거제도의 변천

(1) 제헌 국회의원선거

1948년 2월 6일 UN소총회의에서 가능지역내의 선거실시에 관한 권한을 UN한국위원단에 부여하는 결의를 채택하여, 1948년 5월 10일 이내에 남한에서 총선거를 실시한다는 선언문을 발표함으로써, 역사적인 제헌국회의원선거를 1948년 5월 10일 실시하게 되었다.

1948년 3월 17일 미군정법령 175호로 공포된 전문 57조의 선거법의 주요 내용은 아래와 같다. 국민의 선거권은 만21세 이상자로 정하면서 금치산자, 준금치산자, 자유형의 선고를 받고 집행중이나 집행이 미확정된 자, 일본정부로부터 벌 받은 자, 일본제국의회의원인 자를 제외하고는 평등선거로서 선거권을 부여하였다.

---

11 권영성, 선거구인구비례와 법 앞의 평등, 고시계 1980. 6, 126면.

피선거권은 만25제로 선거권이 없는 자, 1년 이상의 자유형의 선고를 받은 자로서 집행종료 후 또는 집행을 받지 않기로 확정된 후 3년이 경과하지 않은 자(단, 정치범은 제외), 일재시대의 판임관 이상의 경찰관 및 헌병, 헌병 보 또는 고등경찰의 직에 있었던 자 및 밀정행위를 한 자, 중추원의 부의장, 고문 또는 참의가 되었던 자, 부 또는 도의 고문 혹은 의결기간의 의원이 되었던 자, 고등관으로 3등급 이상인 자 또는 훈 7등 이상 받은 자(단, 기술관 및 교육자 제외)를 제외하고는 평등하게 부여하였다. 선거구제는 선거구마다 1인의 국회의원을 선출하는 소선거구제를 채택하였으며, 선거인 명부는 선거인 등록 장소에 선거인이 직접 가서 자진등록에 의하여 작성하는 신고 작성제도를 선택하였다.

선거관리기관은 중앙기관으로서 국회선거위원회는 위원장이 대법관으로 하는 위원 15인과 각 도와 서울시선거위원회는 위원장 1인과 위원 10인 구성하면서 위원장은 당해구역 조소의 고등심리원, 지방심리원 또는 지방심리원의 심판관이 되었으며, 각 선거구선거위원회는 위원장 1인과 위원 8인으로 위원장은 당해선거구 소속 도의 지방심리원장이 담당했으며, 각 투표구선거위원회는 위원장 1인과 위원 8인으로 그 소속 행정구역의 읍·면·동의 장이 임명했다. 의원후보자가 되고자 하는 자는 선거인명부에 등록한 200인 이상 서명·날인한 추천장을 첨부하여 선거구선거위원회에 등록해야 했다. 선거운동은 각급 선거위원회 위원 및 선거사무종사공무원 및 일반 공무원을 제외하고는 누구든지 선거운동을 할 수 있는 선거운동의 자유를 인정했다.

기표방법은 단기 무기명투표로서 투표용지는 선거구선거위원회에서 작성하였으며, 투표용지에 인쇄하는 후보자 성명순위는 기호로서 1획 2획 3획 등으로 표시하였으며, 투표의 비밀보장을 위하여 투표소에서 기표하고 봉함에 넣고 각 후보자의 대리인 1인이 참관토록 했으며, 개표는 의원후보자 또는 대리인의 입회하에 투표록의 대조·점검 후에 개표를 했다.

국회의원의 임기는 2년이고 의원후보는 선거구내의 선거인명부에 등재된 선거인 100인 이상 200인 이하 추천장을 첨부하는 등록제도로 하였으며, 선거에 관한 쟁송은 군정장관의 선거무효선포 조항을 제외하고는 행정수단이 임명하는 대법관 2인, 국회에서 선거된 2인, 대법원장이 지명한 위원장 1인으로 한계 5인으로 구성한 선거심사위원회에 제소·심사토록 하였다.

(2) 제2대 및 제3대 국회의원 선거제도

1950년 5월 30일 실시한 제2대 국회의원선거 및 1954년 5월 20일 실시한 제3대 국회의원선거제도는 미군정에 의한 제헌국회의원선거와는 달리, 1950년 4월 12일 제헌국회에서 제정한 국회의원선거법(법률 제121호)에 의하여 실시되었다.

2대와 3대의 국회의원 선거법의 주요내용은 반민족행위자에 대한 선거권, 피선거권 제한을 해제하고, 선거인명부를 직권작성제로 하였으며, 선거위원회의 위원수를 감축하고 임명방법으로 변경하였다. 특히, 선거공영제를 채택하여 비용납부에 의한 공영관리를 하여 선거운동의 평형유지를 도모했다.

무투표 당선제를 없애고 비교 다수득표에 의하여 결선 투표제채택과 선거에 관한 소송은 특별위원회를 구성하여 심리하되 경과조치로서 처음 선거에 있어서는 대법원에 의하여, 선거운동제한과 벌칙강화하고 월남 동료를 위한 특별선거구를 설치하도록 했다.

선거구는 1선거구에 1인 선출하는 소선거구제이며, 선거는 단기무기명 투표로서 0, 2 등의 기표방법에 의하여 투표용지의 후보자 성명순위는 시호로서 1, 11, 111 등의 작대기 부호로 표시하였고 투표함의 규격을 법정하였다. 투표시간은 오전 7시부터 오후 5시까지며, 투표의 감시제도를 강화하였다.

당선인은 다수대표제와 무투표 당선제도를 채택하였으며, 선거소송은 선거의 효력과 당선의 효력에 관한 2종을 인정하고 대법원에 직접 제소케 하는 단심제도로 하였다. 선거사범은 3개월로서 완성하는 특별시효규정을 두고 제1심 재판관할을 지방법원합의부로 하였다. 특히, 1954년 5월 20일 실시한 제3대 민의원의원 선거에 우리나라 선거사상 최초로 입후보자 공천제를 실시하여 정당정치의 기틀을 잡아나갔다.

(3) 제4대 국회의원선거제도

1958년 1월 25일 공포한 민의원 선거법의 주요 내용은 다음과 같다. 후보자의 추천장 첨부 시에 선거권자의 이중추천의 효력은 선순위 신청의 추천만 인정하고, 후보자의 난립을 방지하기 위하여 후보자 1인당 50만환을 기탁금을 기탁하도록 하였으며, 기탁금은 당선인을 제외한 당해 선거구의 유효투표의 6분의 1을 득표하지 못할 때에는 기탁금을 몰수하도록 하였다.

선거운동에 있어서는, 선거사무소 1개소를 선거구선거위원회 사무소 소재지에 둘 수 있으며, 선거사무장 1인, 연락소 구·시의 동 또는 읍·면마다 1개소, 동사무소 및 연락소 내에 각 1인의 책임자를 두고, 인구 1,500인에 1인의 비율로 선거운동원을 둘 수 있었다.

선전벽보는 인구 50인에 1매의 비율로 후보자가 부담하여 작성하고 첩부는 선거구선거위원회가 담당했다. 소형인쇄물은 후보자의 성명과 기호만 기재하며, 선거일까지 운동원 또는 노무원이 수량에 제한이 없이 배부할 수 있다. 선전문서는 후보자의 경력, 정견, 인사 등을 게재하여 매세 대에 2회까지 배부하되, 1회는 무료우편으로 보냈다. 선거공보는 폐지하고, 간판, 현수막, 기타 등의 선전시설물의 수량을 제한하였으며, 신문광고는 후보자가 1회, 정당 기타 정치단체가 1회 할 수 있었다. 합동연설회는 선거구선거위원회가 구와 시는 3회, 군은 읍·면마다 1회 개최할 수 있었다.

개인연설회는 당해 선거구의 투표구 수의 배수 이내 자유롭게 개최할 수 있으며, 선거운동의 제한·금지사항은, 후보자가 사용하는 자동차 2대, 확성기 1대, 신문·잡지 등의 불법이용, 방송의 공정 확보, 호별방문, 서명·날인 운동, 인기투표, 소란행위, 야간연설, 교통시설 편의제공, 허위사실유포, 선거일 후 답례, 음식물제공, 기부행위, 특정 사전선거운동, 선거비용 등을 제한 또는 금지시켰으며, 출납책임자를 두도록 했다.

투표용지는 정당대리인이 가인했으며, 투표서 참관인에게 투표함 검사와 투표의 위법행위 시에 시정요구권이 있었으며, 투표함 호송시에 동반권 등 투표의 공정관리에 대한 감시적 기능을 강화시켰다. 개표관리에서 정당추천위원 유고 시에 후보위원이 대리할 수 있었고, 투표함은 순차적으로 개함하였으며, 동시개표는 2개를 넘지 못하도록 했다. 후보자별 득표수의 발표는 투표구 단위로 하고 발표 전에 위원들의 검열권과 개표참관인의 권한을 확대시켰다. 선거소송에서 증거보전을 위한 표함 보전신청은 법원에 하도록 하였으며, 벌칙은 전반적으로 강화시켰다.

(4) 제5대 국회의원선거

1960년 7월 29일 신시한 선거법(1960. 6. 23 법제 551호 공포)의 특징은 선거권의 연령을 만 20세로 인하, 피선거권의 참의원의원의 연령을 30세로 인하시켰다. 선거인명부는 정시 직권 작성제에 의한 기본선거인명부와 수시 직권작성제의 의한 보충선거인명부를 병용 사용했다. 선거관리기관인 선거위원회는 헌법에서 독립기관으로 규정(헌법 제75조의2)하여, 선거위원회법(법률 제550호)로서, 그 조직 및 기능이 마련되었다.

중앙선거위원회는 대법권 중 3인, 원내교섭단체의 정당추천 6인으로 구성, 서울특별시·도 선거위원회는 고등법원 또는 지방법원이 추천하는 법관 2인과 원내교섭단체를 가진 정당추천 5인을 중앙선거위원회가 위촉하고, 구·시·군선거위원회 및 투표구 선거위원회는 그 직속 상급위원회가 선정한 2인과 정당에서 추천한 5인의 위원으로 구성하도록 했다.

후보자 등록에서는 선거권자의 추천장제도를 폐지하였으며, 후보자의 등록 기간을 5일 단축하였으며, 후보자의 기탁금은 민의원의원 후보자 30만환으로 인하하고, 참의원의 후보자는 기탁금을 50만환으로 했다. 민의원의원 선거후에 당해 선거구의 유효투표의 총수에 의원정수를 제하여 얻은 7분의 1이 미달할 때에는 기탁금은 국고에 귀속되었다. 개인연설회의 고지벽보의 매수는 해당 30매로 축소하고, 합동연설회의 회수를 법정화 하지 아니했다.

선거는 기표방법에 의한 투표로서 직접 또는 우편(부재자에 한함)으로 1인 1표로 하고, 투표소 설치순위를 법정했다. 투표시간은 상오 7시부터 하오 4시로 하여 1시간을 단축했다. 부재자 우편투표는 일반투표와 혼합개표를 하였으며, 선거소송 및 벌칙은 과거의 내용과 동일하였다.

(5) 제6대 국회의원선거제도

1963년 11월 26일 실시한 제6대 국회의원선거법(1963. 1. 16 법제 1256호 공포)의 특징은 아래와 같다. 선거사범에 대한 선거권과 피선거권의 회복기간을 연장했다. 선거구는 기역구와 전국구의 2종으로 하였으며, 전국구는 지역구의 의원정수의 3분의 1로 했다. 선거인명부는 선거일 공고일 현재 구·시·읍·면의 장이 그 관할 구역 내에 있는 선거권 자를 주민등록표에 의하여 선거일 전 20일까지 작성하는 직권·수시작성제도로 운영되었다.

부재자 투표제도를 인정하고 후보자에 대한 선거인 명부의 등본교부를 폐지했다. 특히, 선거관리기관인 선거관리위원회에 관하여 헌법에서 엄격히 중립적 독립기관으로 규정했으며, 중앙선거관리위원회는 대통령이 임명하는 2인, 국회선출 하는 2인, 대법원 판사회의에서 선출하는 5인의 위원으로 구성하고, 서울특별시·부산시·도 선거관리위원회는 당해 지역을 관할하는 지방법원이 추천하는 법관 2인을 포함한 4인과 서울특별시장·부산 시장·도지사가 추천하는 교육자 1인, 언론인 1인, 기타 1인 및 원내 여당과 제1야당에서 추천하는 2인을 중앙선거관리위원회가 위촉하는 위원으로 구성하였다.

지역구선거관리위원회는 서울특별시·부산시·도 선거관리위원회가 선정한 7인과 원내 여당과 제1야당에서 추천하는 2인으로 구성하였으며, 투표구선거관리위원회는 지역구선거관리위원회가 선정한 5인과 원내 여당 및 제1야당에서 추천하는 2인으로 구성했으며, 중앙과 서울특별시·부산시·도 선거관리위원회에 각각 상임위원을 두게 했다. 위원은 정당가입이나 정치관여 또는 탄핵과 형벌에 의하지 아니하고는 파면되지 아니하는 강력한 신분보장 규정을 두었다.

의원 후보자의 등록은 정당 추천을 요건으로 하고 지역구 1인, 전국구는 의원정수 내의 후보자 순위를 정하여 명부를 제출하도록 했다. 후보자가 피선거권 상실, 소속정당의 해산, 당적이탈, 변경 시에는 등록무효규정을 두고 정당추천을 절대요건으로 하여 정당정치의 구현을 법제화 했다.

선거운동에 있어서는 선거운동기구는 전국구와 지역구마다 1개소의 선거사무소와 서울특별시·부산시·도와 구·시의 동 또는 읍·면 마다 1개의 연락소를 둘 수 있었다. 선거운동의 인정범위는 선거사무장, 선가사무소와 연락소의 책임자와 선거사무원 및 연설원을 둘 수 있었다.

원고와 비용을 정당이 제출 또는 부담하는 선거벽보는 인구 100인에 1매 비율로 지역구 선거와 전국구선거별로 선거관리위원회에서 작성·첨부했다. 특별히 금지된 것은 유사기관의 설치, 탈법방법에 의한 문서·도화, 허위방송·허위논평보도, 신문·잡지의 통신방법 이외의 배부, 특수 관계를 이용한 선거운동, 호별방문, 서명·날인운동, 인기투표, 음식물제공, 소란행위, 야간연설, 후보자 비방, 기부권유 및 요구, 기부받는 행위, 교통시설 편의제공, 선거일 후 답례 등이었다. 제한사항은 합동연설회 개최시의 타 연설회개최·확성장치와 자동차 사용 대수, 신문·잡지의 불법이용, 기부행위 등이다.

선거비용은 비목별로 비용을 제한하였으며, 회계책임자의 선임은 정당을 원칙으로 하고, 예외로 지구당이 없는 경우에만 지역구 후보자가 선임하는 규정을 두었다. 투표시간은 상오 7시부터 하오 5시까지이며, 투표용지에 정당과 지역구 후보자명 및 정당의 기호, 일련번호를 인쇄하고, 정당의 기호는 전국적으로 통일하였다. 선거인명부에 등재된 선거인에게 투표통지표를 교부했으며, 투표소 내에 전국구 후보자의 성명을 게시했다.

투표는 1인 1표의 기표로서 지역구선거와 전국구선거를 동시에 기표하는 효력을 가지는 제도와 전국구후보자 의석배분제도를 채택했다. 재선거와 보궐선거는 지역구에서 한하여 인정되었고, 전국구는 정당에서 제출된 전국구 후보자 명부에서 의석을 승계할 자를 결정하도록 했다. 벌칙은 자유형보다 재산형에 치중하고 그 규정을 강화했다.

(6) 제7대 국회의원선거제도

1967년 6월 8일 실시한 제7대 국회의원제도의 특징은 다음과 같다. 당해 지역구의 후보자의 신청에 의하여 선거인명부사본 1통을 교부하도록 규정하였으며, 선거인명부 확정일을 선거일전 5일로 변경하였다. 선거운동에서 전국구 선거사무원 수를 35인과 지역구선거사무원 수를 12인으로 증원시켰다. 연설회 고지벽보 매수를 50매로 증가시키고, 전국구 및 지역구 후보자 성명 등의 게시를 3개소 내지 5개소로 증가시켰다. 선거비용에서 선거인 명부사본 교부비용을 신설하였다. 선거감시 절차를 강화시켰다.

(7) 제8대 국회의원선거제도

1971년 5월 25일 국회의원선거는, 1969년 1월 23일 공포(법률 제2099호)의 보장입법과 1970년 12월 22일 공포(법률 제2241호)의 협상선거법 등 두 차례의 개정을 거쳐 실시하였다. 1969년 1월 23일 개정 선거법에서 보면, 선거인 명부에서 작성기간을 선거일 25일 전까지로 하고, 1투표구의 선거권자가 3천인을 넘을 때에는 선거인명부를 2개로 분철할 수 있도록 하였다. 선거인명부작성에서도 당해 지역선거구선거관리위원회가 감독하며, 선거인명부작성에 종사하는 공무원 임면에 있어서 협의를 하도록 하고, 선거인명부 확정일을 선거일전 12일로 단축하였다.

선거운동에 있어서, 선거사무원 수를 전국구선거사무소와 서울특별시·부산시·도의 연락소에는 50인 이내, 지역구에서는 투표구당 1인씩 선거사무원을 두도록 증원하였으며, 연설회 고지벽보 매수도 100매로 증가하고, 연설회 장소 사용에서 학교 기타 공공시설의 관리자는 타목적에 우선하여 사용허가토록 규정하였다.

선거공보에서 게재 문을 4천자로 늘렸으며, 선전벽보, 선거공보, 신문광고 및 방송시설의 이용에서 당해 지역구 안에 한정된 구역에만 이익을 주는 사업공약을 게제 또는 방송할 수 없도록 제한금지사항으로 신설했다. 야간연설 금지시간을 하오 11시부터 상오 6시까지로 단축하여 민원발생의 소지를 줄였다.

투표에 있어서, 투표용지에 인쇄할 정당의 순위에 종래, 1, 11, 111 등의 기호를 1, 2, 3 등 아라비아 숫자로 표시 하고, 추첨에 의한 인쇄 순위를 후보자 등록 마감일 현재 국회의 다수의석에 의하여 제1당을 1, 제2당을 2로하고 기타정당은 그 정당 명칭의 가, 나, 다 순에 의하도록 했다. 개표에 있어서 개표는 투표함 도착 순위에 의하여 개표를 하고, 개표참관인을 8인으로 증원하고 2인씩 교대참관토록 했다. 선거소송은 1년 이내 처리하도록 하고 국회의원 지역선거구를 15개구 증설하였다.

1970년 12월 23일 개정 선거법을 보면 선거인 명부에 있어, 인구의 산출 기준을 변경하고, 기본선거인 명부를 작성하는 정기작성주의를 원칙으로 하고, 보충선거인 명부를 작성하여 기본선거인명부와 병용하되 총선거가 있는 해 이외에는 수시선거인명부를 작성하여 사용하도록 했다.

후보자등록에 있어, 등록기간을 선거일 공고일로부터 5일 이내로 단축하고, 추가등록제를 삭제하였으며, 공무원 등의 입후보제한에 있어 국회의원인 국무총리 또는 국무위원은 이러한 제한을 받지 않도록 규정하였다.

선거운동에 있어, 선거운동을 할 수 없는 자의 범위, 선거운동의 방법 및 그 제한 규정을 확대했으며 현수막 게시를 지역구마다 구·시는 20매 읍·면에 각각 3매로 및 자동차·선박·확성장치 사용을 후보자 및 정당이 각 2대 2척 2식으로 증가시켰다. 투표통지표 교부과정에 정당 및 후보자가 지명하는 자를 입회 시키고 정당 추천위원의 투표용지 가인제도를 신설 했으며, 투표마감시간을 하오 5시에서 하오 6시로 1시간과 동시에 부재자 우편투표접수마감시간도 하오 6시로 연장을 했다.

전국구 의석분포를 종래 3석 이상을 5석 이상으로 엄격하게 하고, 국회의원 지역선거구 구역을 7개구 증설했다. 선거쟁송의 신속한 처리를 위해 대법원은 고등법원에 증거조사를 할 수 있게 했다.

(8) 제9대 국회의원선거제도

1973년 2월 27일 실시한 국회의원선거법의 주요 내용과 특징은 다음과 같다. 전국구제도가 없고 전국을 73개 선거구로 하여 1선거구에 2인의 의원을 선출하도록 하였으며, 보궐선거에서는 당해 선거구에서 선출한 의원 전원이 궐위되지 아니한 경우에는 행하지 않도록 규정했다.

선거인명부작성은 선거일 공고일로부터 5일 이내에 작성한 수시선거인명부제도를 채택하였으며, 부재자는 국내부재자만 인정하고, 후보자의 명부열람을 인정하는 대신 명부사본교부제도를 없앴다.

후보자등록에 있어, 정당추천제와 무소속입후보를 양립시켰으며, 정당의 당원인 자는 선거공고일 후 3일부터 기산하여 후보자 등록마감일까지 그 소속 정당으로부터 탈당, 당적변경, 제명의 경우에는 당해선거에서 후보자로 등록하지 못하게 했다. 선거사범에 대한 선거권의 회복기간을 연장시키고, 피선거권의 결격사유를 강화하여 금고 이상의 형을 선고 받은 자는 그 형의 실효의 선고를 받아야 피선거권이 있도록 규정했다. 선거운동에 있어, 선거관리위원회에 의한 선전벽보의 첩부, 선고공보의 발행, 후보자가 참가하는 합동연설회에서만 선거운동을 할 수 있도록 했다.

임기만료로 인한 총선거는 의원의 임기만료일전 180일부터 20일까지로 하였다. 선거일 공고는 선거일전 18일로 단축하였으며, 국회의 해산으로 인한 총선거 실시는 해산된 날로부터 30일 이후 60일 이전에 행하도록 규정했다.

선거비용에 대하여는 회계책임자를 별도로 두지 않고 선거사무장이 담당하도록 했다. 개표참관인은 정당 또는 후보자마다 8인씩 선정하도록 했으며, 각급선거관리위원회 위원 및 직원이 직무를 위반되는 행위가 인정될 경우 고발의무를 규정했다.

(9) 제10대 국회의원선거제도

1978년 12월 12일 실시한 국회의원선거법(1977. 12. 31. 공포, 법률 제3093호)의 주요 내용 및 특징은 다음과 같다. 선거구를 77개선거구로 증설하였으며, 의원정수를 선거구에서 154인 통일주체국민회의에서 선거하는 77인으로 하여 231인으로 증원했다. 회의 참관인제도를 신설하여 선거일 공고일 현재 국회의석 수의 다수순위에 따라 제1순위 정당과 제2순위 정당은 선거일 공고일로부터 개표종료 시까지 선거구선거관리위원회의 회의에 각각 회의참관인 1인이 당해선거에 관하여 의견을 개진하도록 했다. 후보자의 기탁금은 무소속 500만원 정당추천 후보자는 300만원으로 각각 증액하였다.

선거운동에서, 현수막에 의한 후보자 선거운동방법을 신설하였으며, 구가 설치되어 있는 시의 선거구는 선거구당 10매 이내 기타 선거구는 시당 2매, 읍·면당 1매 이내 당해 선거구선거관리위원회의 검인을 받아 게시 하도록 했다. 합동연설회의 회수를 구·시에 있어 2회 군은 3회 개최하던 것을 인구 30만 이상 구·시와 읍면수가 12개 이상의 군은 1회에 한하여 추가 개최할 수 있도록 증가 시켰다. 벌칙 조항 일부를 강화하여 벽보, 현수막이나 시설의 작성·게시 첩부 또는 설치를 방해하거나 훼손 철거한 자를 강하게 처벌하였다.

(10) 제11대 국회의원선거제도

1981년 3월 25일 실시한 국회의원 선거에 있어서 국가보위입법회의에서 의결한 선거법(1981. 1. 29. 공포, 법률 제3359호)의 주요 내용 및 특징은 다음과 같다. 선거구는 지역선거구(지역구)와 전국선거구(전국구)로 구분했으며, 전국구는 제6대 국회 때에 도입되어, 1973년 제9대 국회의원 선거 때 폐지하였으나 또다시 도입하여, 1선거구에 2인을 선출하는 중선거구제를 유지하였다. 지역구수를 15개로 늘려 92개로 하고, 전국구위원 정수를 지역구의원 정수의 2분의 1로 했다. 후보등록에 있어, 선거권자의 추천 제도를 다시 도입하여, 무소속인 경우 선거권자 500인 이상 700인 이하의 추천을 받도록 했다. 후보자의 사퇴시에는 후보자의 본인이 직접 선거관리위원회에 직접 출두하여 서면 신고토록 규정했다.

선거운동은 후보자등록이 끝난 때부터 선거일 전까지 하도록 하였으며, 선거운동 주체를 정당, 후보자, 선거사무장, 선거연락소장, 선거사무원 등만 할 수 있게 했다. 선거운동방법은 선전벽보, 선거공보, 합동연설회, 현수막, 후보자 성명게시 등 다섯 가지 방법으로만 하도록 했다. 선전벽보와 선거공보에 게재할 원고는 정당 또는 후보자가 작성하여 관할 선거관리위원회에 제출하고 이를 선거구선거관리위원회가 인쇄하여 첩부(선전벽보) 또는 우편발송(선거공부)하도록 했으며, 선전벽보 첩부매수의 산정기준을 구·시의 경우 인구 300인에 1매 군은 인구 100인에 1매 비율로 첩부하도록 매수를 증가시켰다. 전국구의원의 배분방법을 제1당에게 전국구의석 정수의 3분의 2를 배분하고, 잔여의석은 제2당 이하의 정당에게 의석비율에 따라 배분하도록 하였다.

(11) 제12대 국회의원선거제도

1985년 2월 12일 실시한 국회의원 선거법의 주요 내용 및 특징은 다음과 같다. 후보자의 기호결정은 추첨에 의하며, 임기만료의 선거에서 공무원 등 입후보제한직에 있는 자가 전국구 후보자가 되기 위해서는 선거일 공고일과 동시에 해임되어야 하고, 후보자의 기탁금도 700만원으로 규정하였다. 선거운동에서, 선전벽보의 첩부매수는 군 지역에서는 인구 100인에 2매로 증가 첩부하도록 하였으며, 합동연설회 회수는 구·시·와 읍·면수 10개 이상의 군은 1회 추가토록 했다. 현수막 게시 매수는 구가 설치되어 있는 시의 지역구는 지역구당 10매 이내, 기타 지역구는 3매 이내, 읍·면당 1매로 규정했다.

후보자의 선거운동용 자동차와 선박 대수를 각각 3대, 3척으로 늘리고, 투표참관인의 총수를 12인으로 증원하였으며, 투표구선거관리위원회에 신고후에 수시교체 가능했으며, 개표참관인은 12인으로 6인씩 교대참관을 신고한 후에 수시교체가 가능했다.

(12) 제13대 국회의원선거제도

1988년 4월 26일 실시한 국회의원의 정수는 299명(지역구 224, 전국구 75)으로 1선거구에서 1인을 선출하는 소선거구제를 실시하였으며, 전국구 의원정수는 지역구 의원 정수의 3분의 1로서 75명이며, 전국 의석배분은 지역구에서 5석 이상 차지한 정당에게 지역구 의석비율에 따라 배분하되, 제1당의 의석비율이 100분의 50 미만일 때에는 제1당에게 전국구의석의 2분의 1을 우선 배분하였다.

기탁금은 지역구 정당추천 후보자 1,000만원, 무소속 후보자 2,000만원, 전국구 후보자 1,000만원이며, 기탁금 반환요건은 유효투표의 총수의 3분의 1을 초과하여 득표한 경우에 반환하도록 하였다. 선거운동에 있어, 선거사무원 수는 선거사무소에 40인 이내, 선거연락소 20인 이내, 투표구마다 3인 이내로 했다.

선거운동방법은 5가지로 선전벽보, 선거공보, 합동연설회, 현수막, 소형인쇄물로만 했다. 후보자의 기호결정은 국회의 다수의석순, 국회의석이 없는 정당은 정당명의 가, 나, 다 순으로, 무소속 후보자는 후보자의 성명의 가, 나, 다 순으로 했다.

투표통지표 교부입회인은 후보자 측에서 지명한 1인씩 참여하고, 투표용지가인은 구·시·군 선거관리위원회에서 후보자를 추천한 정당의 대리인 2명과 투표구선거관리위원회는 제1당과 제2당이 추천한 투표구선거관리위원회의 위원 2명이 가인하도록 했다. 부재자 투표용기표소 설치를 의무화 했으며, 당선무효형량은 징역·금고 또는 50만원 이상의 벌금형 일 때 해당되며, 선거사범 공소시효는 선거일 후 3월(범인 도피시에는 1년)이었다.

(13) 제14대 국회의원선거제도

1992년 3월 24일 실시한 국회의원 선거법(1991. 12. 31. 공포, 법률 제4462호)의 주요 내용 및 특징은 다음과 같다. 국회의원 정수는 지역구 237명 전국구 62명 계299명이었으며, 기탁금은 정당·무소속후보자 모두 1,00만원으로 동일하게 했으며, 기탁금 반환요건은 유효투표 총수를 후보자수로 나눈 수의 2분의 1을 초과하여 득표한 경우에 반환했다.

선거운동방법은 7가지로 선전벽보, 선거공보, 합동연설회, 현수막, 소형인쇄물, 정당연설회, 경력방송으로 종전보다 2가지를 추가했다. 소형인쇄물의 종수는 후보자용 4종, 정당용 2종으로 수량은 지역구의 유권자에 상당한 매수로 했으며, 정당연설회는 지역구당 1회로써, 하나의 지역구가 2개 이상의 구·시·군으로 이루어진 경우는 구·시·군마다 1회 추가로 하였다.

전국구 의석배분은 지역구에서 5석 이상을 차지하는 정당의 의석비율에 따라 배분하였으며, 다만, 지역구에서 의석을 차지하지 못하였거나 5석 미만을 차지한 정당이 유효투표 총수의 100분의 3이상을 득표한 때에는 전국구 의석 1석을 우선 배분하였다. 당선무효형량은 징역·금고 또는 150만원 이상의 벌금형이 해당되며, 선거사범 공소시효는 선거일 후 6월(범인 도피시에는 3년)이었다.

(14) 제15대 국회의원선거제도

1996년 4월 11일 실시한 국회의원 선거는 1994년 3월 16일(법률 제4739호)로 제정된 공직선거 및 선거부정방지법에 의거한 첫 번째의 국회의원 선거였다. 이 선거법은 대통령선거법, 국회의원선거법, 지방의회선거법, 지방자치단체의 장 선거법을 흡수·통합한 선거법이었다.

개정선거법의 주요 내용은 다음과 같다. 선거구와 의원정수는 지역구 253명 전국구 26명으로 조정하였으나 총수에 있어서는 299명으로 변함이 없었다. 선거권은 20세 이상, 피선거권은 25세 이상인 국민에 부여하였으나 다만, 금치산, 금고 이상의 형을 선고받고 집행중인 사람, 선거범죄로 100만원 이상의 벌금형을 선고 받은 사람들은 일정시간 동안 선거권과 피선거권을 제한했다.

선거일 및 선거기간에서 임기만료에 의한 국회의원선거는 당해 국회 임기만료일 전 50일 후 첫 번째 목요일에 실시하도록 법정화하였다. 재선거와 보궐선거는 그 선거 실시사유가 확정된 때부터 90일 이내 실시하도록 선거일 전 23일까지 대통령이 공고하도록 했다. 따라서 선거일 결정에 대해 법정주의(임기만료 선거)와 공고주의(재·보궐선거)를 병행실시했다.

후보자등록은 정당의 당원은 소속정당의 추천, 당원이 아닌 경우, 관할

선거구 안에 거주하는 선거권자의 추천을 300인 이상 500인 이하로 단일화하고, 후보자의 등록기간을 2일로 단축하였으며, 후보자의 정규학력의 교육과정을 경력 등에 게재할 경우는 교육과정명과 수학기간을 게재하도록 했다. 당직자회의, 당원단합대회(사랑방 좌담회), 당원교육 등 정당 활동과 국회의원 의정보고 제한기간을 선거기간개시일전 30일에서 선거기간 중으로 개정하여, 정당활동보고 의정보고 제한기간을 완화 시켰다. 기탁금은 1,000만원으로 하면서, 기탁금의 반환은 지역구후보자가 당선 또는 사망하거나, 후보자의 득표수가 유효투표 총수를 후보자로 나눈 수의 2분의 1이상인 때에 반환하도록 했다.

전국구 후보자는 명부에 올라있는 후보자 중에 당선인이 있는 경우에 반환하는 반면, 지역구 후보자의 사퇴 또는 등록무효거나 득표수가 기준에 미달된 경우와 전국구 후보자의 명부에 올라있는 자 중에 당선인이 없을 때는 국고에 귀속하도록 했다. 기탁금을 반환하거나 귀속할 경우 후보자에게 부과된 과태료와 불법시설물 등에 대한 대집행 비용을 공제하도록 했다.

선거인명부사본 작성비용, 합동연설회 개최비용은 국가가 부담하도록 하였으며, 기탁금 반환요건에 충족할 경우 선전벽보, 선거공보, 소형인쇄물의 작성비용과 후보자의 방송연설비용을 국고에서 보전하여 선거공영제의 범위를 확대하였다. 선거운동에 있어서, 후보자의 배우자가 공무원의 신분에 있더라도 선거운동을 할 수 있도록 하였으며, 선전벽보게재 내용에 있어서 정규학력을 엄격하게 규정하고, 소형인쇄물은 책자형과 명함형 소형인쇄물로 각각 1종으로 축소하였다.

선거비용 제한은 비목별 제한주의에서 총액제한주의로 바뀌었으며, 선거비용제한액을 기본금액 2,600만원에 선거연락소와 읍·면·동수 및 인구수의 많고 적음에 따라 일정 금액을 가산하여 총액으로 산출하게 하였다. 또한 지출방법에서도 총액의 범위 안에서 자유롭게 지출할 수 있게 했다. 선거비용 지출은 선거관리위원회에 신고된 회계책임자가 예금계좌를 통해서만 하도록 하고 선거일 후 30일까지 선거비용의 수입·지출 보고서를 제출하도록 하였으며, 선거비용제한액의 200분의 1이상 초과하여 지출한 이유로 선거사무장 또는 회계책임자가 징역형의 선고를 받은 때에는 당선을 무효로 했다. 선거관리위원회가 선거비용의 회계장부 및 회계책임자 등 관계인에 대해 조사를 할 수 있으며, 필요시 금융거래 자료를 금융기관의 장에게 요구할 수 있도록 했다.

투표용지의 정당대리인 가인제도를 정당대리인 가인을 인쇄날인으로 갈음했으며, 이때 정당대리인은 투표용지 인쇄·납품, 검수, 배포의 모든 과정에 입회하도록 했다. 투표출구조사를 신설해서 방송국·신문사 등이 투표소 500미터 밖에서 출구 조사하는 것을 허용하였으며, 다만, 결과를 투표마감시각까지 공표할 수 없도록 하였다.

지역구 국회의원선거에서 당선인은 유효투표의 다수를 얻은 자를 당선인으로 결정하였으며, 다만, 최고득표자가 2인 이상인 때는 연장자를 당선인으로 결정했다. 전국구 국회의원선거는 정당별 득표율에 따라 의석배분을 하고, 이에 따라 지역구 국회의원선거 5석 이상의석을 얻었거나 유효투표 총수의 100분의 5이상을 득표한 정당에 의석을 배분했다. 다만, 지역구 국회의원선거에서 유효투표 총수의 100분의 3이상 100분의 5미만을 득표한 정당에 대해서 전국구 의석 1석을 배분하였다.

(15) 제17대 및 18대 국회의원선거제도

헌법재판소의 1인 1표제 위헌선언에 의해, 제17대 총선은 지역구 소선거구 다수대표제와 전국구 정당명부식 비례대표제의 1인 2표 혼합식선거제로 치러졌다. 이전의 선거와는 달리 선거권자들은 지역구 후보에 1표, 정당에 1표씩 투표할 수 있게 되었다.[12] 그리고 전체의석수는 제16대 총선과 달리 다시 299석으로 증가해, 지역구 의석 243석과 전국구 의석 56석으로 구성되었다. 의석배분[13]에 있어서 저지규정은 지역구 의석 5석 이상을 획득 하거나 전국 득표율의 3% 이상을 획득한 정당으로 한다고 개정되어 지난 총선에서 총유효투표수의 5% 이상 요건에 비해 완화되었다. 다만 제15, 16대 총선에서 있었던

---

12 공직선거및부정방지법 (일부개정 2004. 3. 12 법률 제7139호) 제146조(선거방법) ② 투표는 직접 또는 우편으로 하되, 1인 1표로 한다. 다만, 국회의원선거 및 시·도의원선거에 있어서는 지역구의원선거 및 비례대표의원선거마다 1인 1표로 한다.

13 공직선거및선거부정방지법[시행 2004. 3. 12] [법률 제7189호, 2004. 3. 12, 일부개정] 제189조(비례대표국회의원의석의 배분과 당선인의 결정·공고·통지)
① 중앙선거관리위원회는 비례대표국회의원선거에서 유효투표총수의 100분의 3 이상을 득표하였거나 지역구국회의원총선거에서 5석 이상의 의석을 차지한 각 정당(이하 이 조에서 "의석할당정당"이라 한다)에 대하여 당해 의석할당정당이 비례대표국회의원선거에서 얻은 득표비율에 따라 비례대표국회의원의석을 배분한다.

총유효투표수의 3% 이상 5% 미만을 얻은 정당에 대해 1석을 배분하도록 한 제도는 없어졌고, 잔여의석은 소수점 이하 수가 큰 순으로 각 정당에 1석씩 배분하되, 그 수가 같은 때에는 당해 정당 사이의 추첨에 의한다. 이와 더불어 보다 많은 여성들의 원내 진출을 이루기 위해 정당법 제31조 제5항에서는 전국구 비례대표의원 후보자 명부에 여성 후보자를 과반수로 구성해야 한다는 규정을 신설하였다.[14]

제18대 총선에서도 17대 총선과 제도적인 차이는 없으나 '정치관계법특별위원회'의 개정안에 따라 전체의석수는 유지하지만 지역구의석을 2석 늘려, 지역구 의석 245석, 비례대표의석 54석으로 하였다. 제19대 총선 역시 제도적인 차이는 없지만 2012년 7월 1일 세종특별자치시가 새로 설치되는 것을 고려해 지역구 의석을 1석 늘려, 전체의석수 300석으로 지역구의석 246석, 비례대표의석 54석으로 구성되었다. 더불어 2005년 8월 4일 비례대표의원 후보자 추천 시 그 후보자명부의 순위의 매 홀수에 여성후보를 추천할 것을 의무화함으로써 여성후보의 추천 순번까지 정하여 과반수 이상의 추천을 강제화하였다.[15]

---

14 정당법[시행 2004. 3. 12] [법률 제7190호, 2004. 3. 12, 일부개정] 제31조(공직선거후보자의 추천) ④ 정당은 비례대표전국선거구국회의원선거후보자중 100분의 50 이상을 여성으로 추천하여야 한다.

15 공직선거법[시행 2005. 8. 4] [법률 제7681호, 2005. 8. 4, 일부개정] 제47조(정당의 후보자추천) ③ 정당이 비례대표국회의원선거 및 비례대표지방의회의원선거에 후보자를 추천하는 때에는 그 후보자 중 100분의 50 이상을 여성으로 추천하되, 그 후보자명부의 순위의 매 홀수에는 여성을 추천하여야 한다. <개정 2005. 8. 4>

제 3 장

일반적 선거원칙과 그 원칙의 적용

CHAPTER 03

일반적 선거원칙과 그 원칙의 적용

Ⅰ. 서 론

우리나라 헌법은 자유권을 중심으로 기본권을 보장하고 있는 최고의 법규범이다. 헌법에서 자유권은 최대한 보장되지만, 공익을 위해 법률로써 필요한 경우에 한하여 제한될 수 있다. 따라서 국가 공권력이 국민의 자유를 제한하는 경우 과도한 제한인지 또는 수인가능한 범위내의 제한인지, 공익보다 과도하게 사익을 제한하고 있는지 여부를 판단해야 한다. 이 경우 우리나라 헌법재판소는 헌법재판의 심사기준 중 가장 중요한 도구로서 일반적으로 비례의 원칙(과잉금지의 원칙)을 사용하고 있다. 또한 우리나라 헌법재판소는 어떠한 사건이나 기본권 유형에 관계없이 동일하게 4단계의 비례의 원칙을 사용하는 것이 아니라, 3단계의 비례의 원칙을 적용하는 경우도 있었다. 그러나 우리나라 헌법재판소는 마치 마이더스의 손처럼 모든 헌법재판에서 기본권 성격이나 유형 및 구체적 사건과는 무관하게 기본권의 침해 여부를 심사하는 기준으로서 비례의 원칙을 사용하고 있는데, 이에 대한 구체적인 검토가 필요하다.

여기에서는 먼저 헌법에서 말하는 선거원칙이란 무엇이고, 구체적인 사건에서 선거권이나 선거원칙 위반 여부를 헌법재판소가 어떻게 판단하는지를 살펴본다. 선거권과 관련하여 일반적인 비례의 원칙을 모든 기본권 침해의 심사기준으로 사용함에 따라 발생하는 문제점을 살펴보고, 선거와 관련한 사건에서 비례의 원칙에 대한 대안을 모색하고자 한다.

Ⅱ. 헌법상 선거원칙의 내용과 그 구체적 사례

1. 보통선거의 원칙

(1) 보통선거원칙의 의의 및 그 취지

보통선거원칙이란 국민 누구나 원칙적으로 선거권과 피선거권을 가진다는 원칙을 말한다. 즉, 보통선거원칙은 선거권 행사뿐만 아니라, 피선거권 행사에 있어서도 적용되는 원칙이다.[1] 국민의 일부만이 선거권을 가지는 경우 또는 국민의 일부만이 피선거권을 가지는 경우 그러한 선거는 국민의 정치적 의사가 제대로 국정에 반영될 수 없고 그러한 상황에서 선출된 대의기관은 민주적 정당성이 확보될 수 없다.[2] 국민이면 누구나 성별·종교·사회적 신분·인종·언어·직업·재산정도·학력 등에 의해 선거권이나 피선거권을 제한받아서는 안된다. 그러나 헌법상 인정될 수 있는 합리적인 기준(국적, 연령,[3] 법률상 행위능력 등)에 의해 선거권이나 피선거권을 제한하는 것은 보통선거원칙에 위반되지 않는다.[4]

헌법에서 보통선거원칙에 의해 추구하는 바는 모든 국민이 선거권의 주체가 되도록 법적으로 보장해야 할 뿐만 아니라, 모든 선거권자가 현실에서 선거권을 행사할 수 있도록 배려해야 할 의무를 국가가 부담하라는 것이다. 즉, 보통선거원칙이 실현하고자 하는 것은 선거권을 가진 국민이 선거권을 실질적으로 보장받기 위해 선거방법의 모색 및 선거기술의 다양화를 추구하도록 국가에게 의무지우는 것이다.

보통선거원칙과 평등선거원칙의 적용에 있어서, 선거권은 국민의 정치적 기본권으로서 민주주의의 기초를 형성하는 기본권이므로 보통선거원칙과 평

1 M. Morlok, in: H. Dreier (Hrsg.), Grundgesetz-Kommentar, Bd. 2, 2. Aufl. 2006, Art. 38 Rn. 65.
2 헌재 1999. 5. 27. 98헌마214.
3 헌재 1997. 6. 26. 96헌마89.
4 허영, 「한국헌법론」, 박영사, 2013, 776면.

등선거원칙에 의해 선거권이 폭넓게 인정되어야 하고, 이러한 원칙의 예외에 대해서는 엄격한 심사기준을 적용해야 한다.[5]

(2) 보통선거원칙의 예외

1) 재외국민의 선거권 제한

선거권의 자격요건으로서 들고 있는 것으로는 국적, 연령, 거주기간 등이 있다. 그 중 거주기간에 관한 요건이라 함은 국내 또는 선거구내에 일정기간 이상 거주하는 것을 선거권의 자격요건으로 하는 것이다. 거주요건을 두는 이유는 선거인명부 작성상의 필요에 의한 기술적인 이유가 가장 크다. 그러나 거주요건을 두는 경우 거주요건을 충족시킬 수 없는 국민은 선거권을 행사할 수 있는 방법이 없어 선거권을 박탈당하게 된다. 재외국민들은 거주요건을 충족하지 못하여 국내에서 선거권을 행사할 수 있는 길이 막혀있을 뿐간 아니라, 당해 거주국에서도 선거권을 행사하지 못하고 있다. 따라서 이러한 일정한 거주기간을 충족하지 못하는 재외국민들에 대하여 선거권을 행사하지 못하도록 하는 것이 헌법에 합치되는가가 문제되었다.[6] 이 사건에서 헌법재판소는 선거권에 관하여 거주요건을 두는 것은 선거권의 본질 및 선거의 공정성 확보 등의 공공복리를 위하여 필요한 것이라고 판단하였다.

또한 주민등록이 되어 있는 자에게만 선거권을 부여하고 있는 공선법 조항과 관련하여, 헌법재판소는

> "선거권의 제한은 불가피하게 요청되는 개별적·구체적 사유가 존재함이 명백할 경우에만 정당화될 수 있고, 막연하고 추상적인 위험이나 국가의 노력에 의해 극복될 수 있는 기술상의 어려움이나 장애 등을 사유로 그 제한이 정당화될 수 없다. 북한주민이나 조총련계 재일동포가 선거에 영향을 미칠 가능성, 선거의 공정성, 선거기술적 이유 등은 재외국민등록제도나 재외국민 거소신고제도, 해외에서의 선거운동방법에 대한 제한이나 투표자 신분확인제도, 정보기술의 활용 등을 통해 극복할

---

5 同旨: 한수웅, 헌재 2011. 5. 26. 2010헌마451 결정(선거방송토론회 사건)에 대한 판례평석, 중앙법학 제14집 제3호, 2012. 9, 108면.

6 헌재 1999. 1. 28. 97헌마253·270(병합).

수 있으며, 나아가 납세나 국방의무와 선거권 간의 필연적 견련관계도 인정되지 않는다는 점 등에 비추어 볼 때, 단지 주민등록이 되어 있는지 여부에 따라 선거인명부에 오를 자격을 결정하여 그에 따라 선거권 행사 여부가 결정되도록 함으로써 엄연히 대한민국의 국민임에도 불구하고 주민등록법상 주민등록을 할 수 없는 재외국민의 선거권 행사를 전면적으로 부정하고 있는 법 제37조 제1항은 어떠한 정당한 목적도 찾기 어려우므로 헌법 제37조 제2항에 위반하여 재외국민의 선거권과 평등권을 침해하고 보통선거원칙에도 위반된다"[7]고 판시하였다.

생각건대, 유학생, 주재원, 외국의 영주권을 소지한 국민 등 재외국민의 선거권을 제한하는 이유가 선거의 공정성이나 선거기술적 이유에서라면 이는 헌법적으로 정당성을 얻지 못할 것이다. 왜냐하면, 선거의 공정성이나 선거기술적 사항은 국민의 선거권 자격요건으로 부과할 것이 아니라, 국가가 선거권 행사에 있어 장애를 제거해야 할 책무를 지기 때문이다. 선거의 공정성 확보는 후보자간 실질적인 선거운동의 기회균등 보장, 선거에서 관권, 금권 등의 개입 방지,[8] 선거에 대한 부당한 영향력의 행사 기타 선거결과에 영향을 미치는 행위 금지,[9] 유권자의 자유의사를 왜곡시키는 선거범죄의 처벌[10]로서 달성될 수 있다. 즉, 선거의 공정성 확보는 헌법이 선거에 대한 관리자로서 국가에게 선거 감독의무를 부여하고 있기 때문이다. 이러한 국가의 의무 사항을 이유로 국민의 보통선거권을 배제할 수는 없는 것이다.

또한 선거기술적 장애는 오늘날 정보기술의 활용으로 충분히 극복할 수 있는 사항이다. 우편투표나 인터넷을 이용한 전자투표 등의 방식을 통해 국민은 어디서나 언제든지 투표할 수 있는 시대가 되었다. 외국에서 일정한 체류로 인해 주민등록을 할 수 없는 재외국민의 선거권을 박탈하는 것은 외국에서도 언론매체를 통해 선거나 정치에 관한 정보를 국내에 거주하는 국민과 동일하게 수령하는 재외국민에 대한 보통선거원칙 위반이자 평등선거원칙 위반이

7 헌재 2007. 6. 28. 2004헌마644 등, 판례집 19-1, 859.
8 이에 관하여는 헌재 2008. 10. 30. 2006헌마547.
9 이에 관하여는 헌재 2008. 5. 29. 2006헌마1096.
10 이에 관하여는 헌재 2011. 4. 28. 2010헌바232.

될 것이다.

2) 선거연령에 의한 제한

선거권을 부여하지 않는 예외적 사유로 일정한 선거연령의 도달을 들고 있다. 이러한 선거연령을 이유로 선거권의 제한을 두는 것은 선거권을 부여하기 위해서 요구되는 최소한의 정치적 판단능력이 필요하기 때문이다. 헌법재판소는 "선거권과 공무담임권의 연령을 어떻게 규정할 것인가는 입법자가 입법목적 달성을 위한 선택의 문제이고 입법자가 선택한 수단이 현저하게 불합리하고 불공정한 것이 아닌 한 재량에 속하는 것"이라고 판시하였다.[11]

입법자는 선거연령에 대한 입법형성권을 헌법 제24조에서 부여받고 있지만, 선거연령의 구분을 임의적으로 해서는 안되고 다음의 사항을 고려하여 보통선거원칙에 위반되지 않는 범위내에서 정치적 참여의 폭을 넓히는 방향으로 결정해야 한다. 즉, 입법자는 선거연령을 결정함에 있어서 그 나라의 역사, 전통과 문화, 국민의 의식수준, 교육적 요소, 미성년자의 신체적·정신적 자율성, 정치적·사회적 영향 등 여러 가지 사항을 종합하여 결정해야 한다.[12]

3) 수형자의 선거권 제한

선거일 현재 금고 이상의 형의 선고를 받고 그 집행이 종료되지 아니한 자(수형자)는 선거권이 없다고 규정하고 있는 공직선거법 제18조 제1항 중 제2호 전단 부분이 과잉금지원칙에 위반됨으로써 수형자의 선거권 등 기본권을 침해하여 위헌인지 여부가 문제되었다.[13]

이 사건에서 헌법재판소 재판관 5인은 다음과 같은 이유에서 위헌의견을 제시하였다.

> "이 사건 법률조항은 '금고 이상의 형을 선고받고 그 집행이 종료되지 아니한 자'에 대하여 전면적·획일적으로 선거권을 제한하여 선거권 제한의 대상에, 국가 공동체의 법질서를 해친다는 인식이나 의도가 없는 과실범, 일정한 형기를 경과한 후 가석방심사위원회로부터 범죄의 동기·

11 헌재 2003. 11. 27. 2002헌마787, 2003헌마516(병합).
12 헌재 2001. 6. 28. 2000헌마111.
13 헌재 2009. 10. 29. 2007헌마1462.

재범의 위험성 등 제반사정에 관한 충분한 심사를 받고 형기 만료에 앞서 사회에 복귀함으로써 주된 형벌인 '교정시설에의 수용'을 면한 가석방자 등을 포함하고 있다. 나아가 이 사건 법률조항이 민주주의 등 헌법질서를 부정하는 반국가적 성격의 범죄와 무관한 경미한 범죄로 단기 자유형을 받은 자에게까지 폭넓게 선거권을 제한하는 것은 세계관의 다원주의를 전제로 다양한 사상이나 전력을 갖는 사람들이 자유롭게 선거에 참여하여 공동체의 질서를 형성하고자 하는 자유민주주의 국가의 선거제도에 부합하지 아니한 측면이 있다. 이러한 사정을 종합해 볼 때, 입법자는 선거권의 중요성을 고려하여 그 제한을 엄격히 하여야 함에도, 범죄자의 선거권을 제한함에 있어 '개개 범죄의 종류나 내용, 불법성의 정도 등이 선거권 제한과 어떤 직접적인 연관성을 갖는지'에 관하여 세심히 살피지 아니한 채 이 사건 법률조항으로써 단지 '금고 이상의 형을 선고받은 자로서 그 형의 집행을 마치지 아니한 자'라는 기준을 설정하여 쉽사리 그리고 일률적으로 수형자의 선거권을 제한하였다고 볼 수 있으므로, 이 사건 법률조항은 기본권 침해의 최소성의 원칙에 위반하였다"[14]라고 판시하였다.

공직선거법 조항이 '금고 이상의 형을 선고받고 선거일 현재 그 집행이 종료되지 아니한 자'(수형자)의 선거권을 제한하는 것은 자신의 범죄로 인한 형사적 제재인 형벌을 받는 것과 무관한 기본권인 선거권을 박탈하는 것으로서 위헌성이 높다. 공직선거법에서 수형자로서 선거권이 제한되는 대상으로는 상대적으로 경미한 범죄를 저지른 자에서부터 매우 심각한 중범죄를 저지른 자에 이르기까지 아주 다양하고, 과실범과 고의범 등의 범죄의 종류를 불문하며, 범죄가 침해한 법익이 국가적 법익인지, 사회적 법익인지, 개인적 법익인지 그 내용 또한 불문하고 있다. 또한 가석방 요건을 충족하여 가석방된 자까지 포함하고 있어,[15] 포괄적인 대상에 대한 법적 제한으로서 위헌성이 높다.

---

14 헌재 2009. 10. 29. 2007헌마1462, 판례집 21-2하, 327, 328(재판관 김희옥, 재판관 김종대, 재판관 민형기, 재판관 목영준, 재판관 송두환의 위헌의견). 이 사건은 위헌의견에 찬성한 재판관이 5인이어서 다수이나 헌법소원에 관한 위헌결정을 위한 심판정족수에 이르지 못한다는 이유로 청구기각결정을 하였다.

15 헌재 2009. 10. 29. 2007헌마1462.

또한 수형자의 선거권을 박탈하는 사유로서 '선거의 공정성 확보'를 들고 있다. 그러나 선거의 공정성 확보는 일차적으로 국가의 과제이며 선거의 공정성에 대한 우려를 이유로 수형자의 선거권을 부정한다는 것은 본말이 전도된 논리이다. 국가는 교정시설 관리자로 하여금 수형자의 정치적 의사형성에 부당하게 영향력을 행사하는 것을 막기 위한 사전 예방조치를 취하도록 명령해야 하고, 이를 위반한 교정시설 관리자를 징계하거나 처벌하는 등 선거의 공정성 확보를 위한 노력을 해야 한다.

2. 평등선거의 원칙

(1) 평등선거원칙의 의의

평등선거원칙이란 선거권자와 피선거권자 모두 선거에 있어서 동등하게 참여하고 영향력을 미치며 동등한 기회를 보장받아야 한다는 원칙을 말한다. 헌법 제11조 제1항, 제24조, 제41조 제1항에 의하여 보장되고 있는 평등선거의 원칙은 평등원칙이 선거제도에 적용된 것으로서 투표의 수적(數的) 평등, 즉 1인 1표의 원칙과 투표의 성과가치의 평등, 즉 1표의 투표가치가 대표자 선정이라는 선거의 결과에 대하여 기여한 정도에 있어서도 평등하여야 한다는 원칙(one vote, one value)을 그 내용으로 할 뿐만 아니라,[16] 일정한 집단의 의사가 정치과정에서 반영될 수 없도록 차별적으로 선거구를 획정하는 이른바 '게리맨더링'에 대한 부정을 의미하기도 한다.[17]

1) 투표가치의 평등

선거권자의 투표가치의 평등의 실현을 위해서는 모든 선거권자의 투표가치가 동일하게 평가되는 선거제도를 갖추어야 한다. 이는 투표수의 '산술적 가치평등'뿐만 아니라, 그 투표에 의해 대표자 선출에 대한 기여도에 있어서도 동등한 비중을 지녀야 하는 투표의 '성과적 가치평등'도 요구한다.

16 헌재 1995. 12. 27. 95헌마224등, 판례집 7-2, 760, 771; 헌재 2001. 10. 25. 2000헌마92등, 판리집 13-2, 502, 509-510.

17 헌재 2001. 10. 25. 2000헌마92등, 판례집 13-2, 502, 510; 헌재 2009. 3. 26. 2006헌마14, 판례집 21-1상, 482, 491-492; 헌재 2012. 2. 23. 2010헌마282.

선거구간 인구편차를 정하고 있는 공직선거법이나 조례가 규정가능한 인구편차의 기준은 투표의 성과적 가치평등의 측면에서 원칙적으로 인구비례가 되어야 하나, 이것 이외에 여러 요소를 합리적으로 고려하여 판단해야 한다.[18] 왜냐하면 숫자적인 형식적 평등의 추구는 또 다른 불평등의 문제를 야기할 수 있기 때문이다.[19]

우리나라 헌법재판소는 비례대표국회의원의석의 배분방식 및 1인 1표제의 위헌여부에 관하여,

> "공선법은 이른바 1인 1표제를 채택하여(제146조 제2항) 유권자에게 별도의 정당투표를 인정하지 않고 있으며, 지역구선거에서 표출된 유권자의 의사를 그대로 정당에 대한 지지의사로 의제하여 비례대표의석을 배분토록 하고 있는바(제189조 제1항), 현행 1인 1표제하에서의 비례대표의석배분방식에서, 지역구후보자에 대한 투표는 지역구의원의 선출에 기여함과 아울러 그가 속한 정당의 비례대표의원의 선출에도 기여하는 2중의 가치를 지니게 되는데 반하여, 무소속후보자에 대한 투표는 그 무소속후보자의 선출에만 기여할 뿐 비례대표의원의 선출에는 전혀 기여하지 못하므로 투표가치의 불평등이 발생하는바, 자신이 지지하는 정당이 자신의 지역구에 후보자를 추천하지 않아 어쩔 수 없이 무소속후보자에게 투표하는 유권자들로서는 자신의 의사에 반하여 투표가치의 불평등을 강요당하게 되는바, 이는 합리적 이유없이 무소속 후보자에게 투표하는 유권자를 차별하는 것이라 할 것이므로 평등선거의 원

18 시·도의원 지역선거구의 획정에는 인구 외에 행정구역·지세·교통 등 여러 가지 조건을 고려하여야 하므로, 그 기준은 선거구 획정에 있어서 투표가치의 평등으로서 가장 중요한 요소인 인구비례의 원칙과 우리나라의 특수사정으로서 시·도의원의 지역대표성 및 인구의 도시집중으로 인한 도시와 농어촌 간의 극심한 인구편차 등 3개의 요소를 합리적으로 참작하여 결정되어야 할 것이며, 현시점에서는 상하 60%의 인구편차(상한 인구수와 하한 인구수의 비율은 4 : 1) 기준을 시·도의원 지역선거구 획정에서 헌법상 허용되는 인구편차기준으로 삼는 것이 가장 적절하다고 할 것이다(헌재 2007. 3. 29. 2005헌마985·1037, 2006헌마11(병합)).

19 각국의 선거제도는 시대에 따른 정치적 요청이나 나라마다의 역사적·사회적·정치적 상황 등이 고려되어 각기 그 나라의 실정에 맞도록 결정되어 있고, 거기에 논리필연적으로 요청되는 일정한 형태가 있는 것이 아니다. 그리고 그와 같이 결정된 선거제도의 구조가 어떠하냐에 따라 선거결과에 미치는 투표의 영향력에 어느 정도의 차이가 생기는 것은 불가피하고, 투표가치의 평등이 모든 투표가 선거결과에 미치는 영향력에 있어 숫자적으로 완전히 동일할 것까지 요구하는 것은 아니다(헌재 1998. 11. 26. 96헌마54, 판례집 10-2, 742, 747; 헌재 2012. 2. 23. 2010헌마282).

칙에 위배된다"라고 판시하였다."[20]

2) 정당 및 선거후보자의 기회균등

정당 및 선거후보자에게 평등선거원칙이 적용된다는 것은 선거준비단계, 입후보단계, 선거운동단계, 선거비용의 보전, 정당의 선거기회 균등, 저지규정, 고액의 기탁금 납부 등 모든 선거절차에서 균등한 기회가 보장되어야 함을 의미한다.

(2) 평등선거원칙의 예외

1) 저지규정

일반적으로 '저지규정'(Sperrklausel; 沮止規定)[21]이란 의회에 진입하여 정당으로서의 최소한의 제 역할을 할 수 없다고 판단되는 이른바 소수정당의 의회진입 자체를 저지하기 위한 법규정이다. 이러한 저지규정을 통해 궁극적으로는 의회내의 소수정당의 난립을 사전에 방지함으로써 보다 안정적인 의회운영을 도모하기 위한 것이다. 현행 독일 연방선거법은 전국을 단위로 전체 유효투표의 5% 이상을 얻었거나 또는 지역구에서 최소 3석 이상의 의석을 지닌 정당만을 비례대표의 의석배분에 참여할 수 있게 규정되어 있다.[22]

현행 독일 연방선거법상 저지규정 역시 선거에서 일정 수 이상의 득표율을 얻었거나 또는 지역구에서 일정 수 이상의 의석수를 지닌 정당에게만 의석배분에 참여하게 함으로써, 결과적으로 "군소정당"[23]의 난립을 억제함과 동시에 다수세력의 형성을 촉진시켜 오늘날의 독일 의원내각제를 정착시키고 안정된 정부를 운영하는 등 매우 긍정적인 기여를 하였다고 볼 수 있다.[24] 그러

20 헌재 2001. 7. 19. 2000헌마91 등, 판례집 13-2, 77.

21 저지규정에 관하여 자세한 내용은 음선필, "선거의 기본원칙과 비례대표선거제", 「헌법학연구」 제7권 제2호, 2001. 8, 205-207면; 김도협, "독일 연방의회선거제도와 그 수용필요성에 관한 연구", 「세계헌법연구」 제13권 제2호, 37면 이하; 이부하·장지연, "독일의 연동형 혼합선거제 도입 검토", 「법과정책」 제19집 제2호, 2013. 8, 318-325면.

22 §6 Abs. 6 BWG.

23 1949년의 독일 총선에는 무려 36개의 정당들이 등장했지만, 1990년에 선출된 연방의회에는 4개의 정당만이 연방의회에 진출했다. 이는 군소정당의 난립을 막기 위해 1953년에 도입되고 1957년에 강화된 소위 5% 조항 때문이다.

24 Vgl. H. Maurer, Staatsrecht I, S. 407; K.-O. Zimmer, Nochmals: Zur verfassungsnaeheren Gestaltung der 5%-Klausel, in: DÖV, 1985, S. 101 (102); M. Morlok, in: H. Dreier (Hrsg.), Grundgesetz-Kommentar,

나 5% 저지규정은 독일 기본법 제38조에 근거한 평등선거의 원칙과 독일 기본법 제21조에 근거한 정당설립의 자유를 침해할 가능성이 클 뿐만 아니라, 궁극적으로는 비례대표제의 본질마저도 훼손할 가능성이 있다.[25] 그러나 독일 연방헌법재판소는 저지규정이 독일선거제도의 '인물화된 비례대표제'의 특성을 고려한 것으로서, 입법자의 형성의 자유 범위내에 해당하는 것이기 때문에 위헌이라고 할 수 없다고 판시하였다.[26]

득표율이나 지역구 의석수 등을 기준으로 비례대표 의석배분에 일정한 제한을 가하는 저지규정[27]제도는 비례대표제의 단점인 군소정당의 난립으로 의회 기능의 마비와 정부 구성의 불안정성을 방지함으로써 비례대표 의석배분에 있어 어느 정도의 지지를 얻은 정당만이 의석배분정당이 되도록 일정한 조건을 둔 것이다. 그러나 저지규정에 의해 비례대표 의석배분에 있어서 저지선을 넘은 정당과 그렇지 않은 정당을 차별하고, 저지선을 넘지 못한 정당에 대한 투표의 성과가치를 몰각시키기 때문에 평등선거원칙에 대한 위반 여부가 문제되게 된다.[28] 저지규정의 정당성 판단을 위한 전제로서, 소수정당이 다수 의회에 진출함으로써 필연적으로 정치적 불안정성을 초래하고 정국 불안을 유발하는지를 살펴보아야 한다. 뿐만 아니라 만약 소수 정당의 의회진출이 국정 혼란을 초래한다면, 어느 정도로 소수 정당의 의회진출을 제한해야 하는지 여부 및 현행 우리 공직선거법상 규정하고 있는 저지규정의 조건은 적정한지 여부를 검토해야 할 것이다.

저지규정의 인정여부 및 그 정당성 여부와 관련하여, 독일 연방헌법재판소는 비례성보다는 의회정치의 기능을 중시하는 관점에서 '의회의 정책수행능력의 상실가능성', '정당의 분열 위험' 방지,[29] '국민의 정치적 의사형성에 있어 통합과정으로서의 선거의 특성을 확보' 및 '전체 선거제도의 통일성

Bd. 2, 2. Aufl. 2006, Art. 38 Rn. 104; W. Schreiber, Kommentar zum BWG, §6 Rn. 17 ff.

25 H.-H. Trute, in: von Münch/Kunig (Hrsg.), Grundgesetz, Bd. I, 6. Aufl. 2012, Art. 38 Rn. 58 f.; N. Achterberg/M. Schulte, in: von Mangoldt/Klein/Starck, Kommentar zum Grundgesetz, Bd. 2, 6. Aufl. 2010, Art. 38 Abs. 1 Rn. 137.

26 BVerfGE 95, 408 ff.

27 헌재 2001. 7. 19. 2000헌마91, 판례집 제13권 2집, 77면, 98면.

28 헌재 2001. 7. 19. 2000헌마91, 판례집 제13권 2집, 77면, 98면.

29 BVerfGE 1, 208.

유지'[30]를 위해 저지규정으로 인한 평등선거원칙의 제한이 가능하다고 판시하였다. 저지규정의 정당성을 판단하기 위해서는 저지규정으로 인한 정당간의 차별 또는 투표의 성과가치의 차별이 정당화될 수 있는지를 검토해야 한다.[31] 저지규정의 수준 내지 정도가 적정한지[32] 여부와 관련하여, 독일 연방헌법재판소는 의석할당 최소조건을 정책수행능력의 상실가능성 그리고 정당의 분열위험성을 고려하여 저지규정의 위헌성을 판단하고 있다.

우리나라의 경우 현행 저지규정의 도입 이후 실시된 총선의 결과를 살펴보면, 득표율 3% 미만의 정당으로 지역구 5석을 얻은 경우는 없다.[33] 따라서 기본의석조항은 사실상 의미가 없고, 실효성이 없으므로 폐지하는 것이 바람직하다고 본다. 즉, 현행 '3%의 정당득표율' 저지선은 정당득표율 3% 미만의 정당의 정당기능수행 불가능성을 고려하면 그 기준이 적정하다고 판단되나, '지역구 5석'의 최소의석조항은 실효성이 없고 비례의 원칙에도 위반될 가능성이 높기 때문에 삭제하는 것이 타당하다.

2) 공직선거 입후보자의 사퇴의무조항

① 지방자치단체의 장이 당해 지방자치단체의 관할구역과 같거나 겹치는 선거구역에서 실시되는 지역구 국회의원선거에 입후보하고자 하는 경우 당해 선거의 '선거일 전 120일까지' 그 직을 사퇴하도록 규정한 공직선거 및 선거부정방지법 제53조 제3항이 지방자치단체의 장의 평등권을 침해하는지 여부가 문제되었다.[34]

헌법재판소는 "공무원이 그 직을 보유한 채로 공직선거에 입후보할 경우 자신의 지위와 권한을 자기의 선거운동을 위하여 남용 또는 악용함으로써 선거의 공정성을 저해하는 것을 예방하고 공무원의 직무전념성을 확보하기 위

---

30 BVerfGE 6, 93.

31 음선필, "저지조항", 「사회과학연구 논문집」 제7권 1호, 2001, 191면.

32 구체적인 저지선의 설정은 선거제도의 대표원칙, 비례대표국회의원 의석수, 그리고 정부형태를 고려해서 판단해야 할 사항으로 입법자의 입법형성의 자유에 속하는 영역이다(음선필, "저지조항", 「사회과학연구 논문집」 제7권 1호, 2001, 195면).

33 17대 총선에서는 자유민주연합 4석(2.8%), 민주통합21 1석(0.6%), 18대 · 19대 총선에서는 지역구의석을 획득했는데 비례대표의석을 배분받지 못한 정당은 없다(지역구의석을 획득한 정당은 모두 정당득표율 3% 선을 넘었다).

34 헌재 2006. 7. 27. 2003헌마758, 2005헌마72(병합).

한 것이다.[35] 지방자치단체의 장은 그 지위와 권한, 그리고 해당 지역의 유권자들에 대한 영향력에 있어서 일반 공무원과 차이가 있으므로 공직사퇴시한을 규정하는데 있어서 입법자는 각자의 특수성을 고려하여 서로 간에 어느 정도의 차이를 두는 것은 합리적인 범위 내에서 허용될 수 있다고 볼 것이다"[36] 라고 판시하였다.

② 공무원이 공직선거 후보자가 되고자 하는 경우 선거일 전 60일까지 그 직을 그만두도록 한 공직선거법 제53조 제1항 제1호가 공무담임권을 침해하는지 여부와 공직선거법 제53조 제1항 제1호가 정부투자기관 직원과 비교하여 공무원의 평등권을 침해하는지 여부가 문제되었다.[37]

헌법재판소는 "이 사건 조항은 선거의 공정성과 직무전념성을 추구하는 효과가 있으므로 입법목적의 정당성과 수단의 적합성이 인정된다. 공무원과 정부투자기관 직원 사이에 공직후보자 출마시 선거일 전 60일까지 사퇴하도록 하는 것이 평등권 침해를 논할 비교집단을 구성한다고 하더라도, 이 사건 조항이 공무원에 의한 선거운동의 불공정성을 방지하고 공직의 직무전념성을 확보하기 위해 필요한 것이라는 점에서 볼 때, 양자 간의 차별은 합리적 이유를 지니고 있다고 볼 것이고, 차별목적과 수단 사이에 비례성을 벗어났다고도 볼 수 없다"[38]라고 판시하였다.

3) 방송매체의 선거방송토론회 참여자 제한

① 공직선거후보자 등의 대담·토론회의 개최·보도를 언론기관의 자율에 맡김으로써 방송시간·신문의 지면 등을 고려하여 언론기관에 의한 후보자의 초청범위 등의 제한이 가능하도록 한 공직선거 및 선거부정방지법 제82조 제2항이 평등원칙을 위반하는지 여부가 문제되었다.[39]

헌법재판소는 "위 법조항들은 모두 그 단서에서 정당의 활동을 보장하기 위한 예외규정을 둠으로써, 무소속후보자에게는 정당의 후보추천자에 비하여

---

35 헌재 1995. 3. 23. 95헌마53, 판례집 7-1, 463, 473-474; 헌재 2003. 9. 25. 2003헌마106, 판례집 15-2 상, 516, 527.
36 헌재 2006. 7. 27. 2003헌마758, 2005헌마72(병합).
37 헌재 2008. 10. 30. 2006헌마547.
38 헌재 2008. 10. 30. 2006헌마547.
39 헌재 1999. 1. 28. 98헌마172.

선거운동의 자유가 상대적으로 제한되었다고 볼 수도 있으나 그러한 차별은 정당의 본질적 기능과 기본적 활동을 보장하기 위한 합리적이고 상대적인 차별이라 할 것이므로 위 법조항들이 헌법전문과 헌법 제11조 제1항 소정 법앞의 평등에 위반된다고는 할 수 없고, 헌법상 보장되는 평등선거의 원칙이나 선거운동의 기회균등의 보장원칙에 반한다고 볼 수 없다"고 판시하였다.[40]

② 선거방송 대담·토론회의 참가기준으로 여론조사 평균지지율 100분의 5를 요구하고 있는 공직선거법 제82조의2 제4항 제1호 다목 및 제3호 다목이 여론조사 평균지지율 100분의 5 미만 후보자의 평등권 내지 선거운동의 기회균등을 침해하는지 여부가 문제되었다.[41]

헌법재판소는 "방송토론회의 초청자격을 제한하지 않아 토론자가 너무 많을 경우 시간상 제약 등으로 실질적인 토론과 공방이 이루어지지 않고 후보자에 대한 정책검증이 어려운 점, 대다수의 국민이나 선거구민들이 여론조사에서 높은 지지율을 얻은 후보자에 대하여 관심을 가지고 있다고 보아야 하는 점, 선거방송토론위원회는 위 토론회에 초청받지 못한 후보자들을 대상으로 다른 대담·토론회를 개최할 수 있는 점 등에 비추어 보면, 이 사건 법률조항에 의한 위와 같은 차별에는 이를 정당화할 수 있는 합리적인 이유가 있다고 할 것이다. 따라서 이 사건 법률조항이 청구인들의 평등권이나 선거운동의 기회균등을 침해하는 것으로 보기 어렵다"고 판시하였다.[42]

③ 지역구국회의원선거에서 구·시·군 선거방송토론위원회가 개최하는 대담·토론회의 초청자격을 제한하고 있는 공직선거법 제82조의2 제4항 제3호 중 '지역구국회의원선거'에 관한 부분이 선거운동의 기회균등원칙과 관련한 평등권을 침해하는 것인지 여부가 문제되었다.[43] 이 사건에 관해 헌법재판소는 "방송매체를 이용한 대담·토론회에 참여할 수 있는 후보자를 일정한 범위로 제한하는 것은 입법자의 합리적 판단에 기인한 것으로서 자의적인 차별이 아니기에 평등권을 침해하지 않았다"고 판시하였다.[44]

---

40 헌재 1999. 1. 28. 98헌마172.
41 헌재 2009. 3. 26. 2007헌마1327, 2008헌마437(병합).
42 헌재 2009. 3. 26. 2007헌마1327, 2008헌마437(병합).
43 헌재 2011. 5. 26. 2010헌마451.
44 헌재 2011. 5. 26. 2010헌마451.

생각건대, 이 사건에서 헌법재판소는 평등권 위반 여부의 심사기준으로서 자의금지의 원칙(완화된 심사기준)을 사용하고 있다. 그러나 이 사건의 법률조항은 청구인의 평등권에 대한 중대한 제약을 가하고 있고, 지역구국회의원후보자라는 '사회적 신분'에 해당되어 헌법 명문상 차별금지사유에 해당하기 때문에 엄격심사기준에 의해 심사했어야만 함에도 불구하고, 헌법재판소는 입법자의 입법형성의 자유를 존중해야 한다는 논리로 자의금지의 원칙을 심사기준으로 사용하는 오류를 범하였다.

3. 직접선거의 원칙

직접선거원칙이란 선거결과가 선거권자의 투표에 의하여 직접 결정될 것을 요구하는 선거원칙이다.[45] 즉, 선거결과가 중간선거인이나 정당이 아닌 선거권자에 의해 직접 결정된다는 점에서 간접선거와 대비되는 개념이다.[46] 또한 선거결과가 선거권자의 투표에 의해 직접 결정되는 것이기 때문에, 선거종료 후에 선거권자가 선거 결과에 영향을 미쳐서는 안된다는 원칙이다.[47]

(1) 관련된 헌법재판소 결정들

1) "1인 1표제하에서의 비례대표제를 채택하는 경우 직접선거의 원칙은 의원의 선출뿐만 아니라 정당의 비례적인 의석확보도 선거권자의 투표에 의하여 직접 결정될 것을 요구하는바, 비례대표의원의 선거는 지역구의원의 선거와는 별도의 선거이므로 이에 관한 유권자의 별도의 의사표시, 즉 정당명부에 대한 별도의 투표가 있어야 함에도 현행제도는 정당명부에 대한 투표가 따로 없으므로 결국 비례대표의원의 선출에 있어서는 정당의 명부작성행위가 최종적·결정적인 의의를 지니게 되고, 선거권자들의 투표행위로써 비례대표의원의 선출을 직접·결정적으로 좌우할 수 없으므로 직접선거의 원칙에 위배된다."[48]

---

45 헌재 2001. 7. 10. 2000헌마91등 판례집 13-2, 77, 95.
46 이부하, 「헌법학원론」, 신론사, 2008, 628면.
47 한수웅, 「헌법학」, 법문사, 2013, 159면.
48 헌재 2001. 7. 19. 2000헌마91 등, 판례집 13-2, 77, 79.

2) 비례대표 후보자를 유권자들이 직접 선택할 수 있는 이른바 자유명부식이나 가변명부식과는 달리 고정명부식에서는 후보자와 그 순위가 전적으로 정당에 의하여 결정되므로 직접선거의 원칙에 위반되는지 여부가 문제되었다. 이에 관해 헌법재판소는 "비례대표후보자명단과 그 순위, 의석배분방식은 선거시에 이미 확정되어 있고, 투표 후 후보자명부의 순위를 변경하는 것과 같은 사후개입은 허용되지 않는다. 그러므로 비록 후보자 각자에 대한 것은 아니지만 선거권자가 종국적인 결정권을 가지고 있으며, 선거결과가 선거행위로 표출된 선거권자의 의사표시에만 달려 있다고 할 수 있다. 따라서 고정명부식을 채택한 것 자체가 직접선거원칙에 위반된다고는 할 수 없다"고 판시하였다.[49]

3) 헌법재판소는 "해상에 장기 기거하는 선원들에 대해서는 부재자투표 대상자로 규정하지 않고 있으며, 이들이 투표할 수 있는 방법을 정하지 않고 있는 공직선거법 조항이 그들의 선거권을 침해한다. … 선장의 감독 아래 각 선박에 지정된 모사전송(Facsimile, 팩스) 시스템을 이용한 선상투표는 선거권자가 직접 의사결정을 하고 단지 그 송부만이 모사전송 시스템에 의하여 이루어지는 것이므로, 직접선거원칙에 위배되는 것이 아니다"[50]라고 판시하였다.

(2) 평 가

해상에 장기 기거하는 선원들이 직접 의사결정을 통해 특정한 후보자에 대한 투표행위를 했는지를 확인할 수 있는 방안이 마련되어야만 직접선거원칙에 부합하게 된다. 헌법재판소가 제시한 모사전송 시스템을 이용한 선상투표는 보통선거원칙에는 부합하지만, 비밀선거원칙이나 직접선거원칙을 부합시키기에는 중대한 흠을 지니고 있다.

4. 비밀선거의 원칙

비밀선거는 선거권자의 의사결정이 타인이 알지 못하도록 하는 상태로 투표하는 것을 말한다.[51] 선거권자의 투표 내용을 타인이 알지 못하게 함으로

---

49 헌재 2001. 7. 19. 2000헌마91·112·134(병합).

50 헌재 2007. 6. 28. 2005헌마772.

51 이부하, 「헌법학원론」, 신론사, 2008, 630면.

써 공개투표를 불허하는 이유는 선거권 행사로 인해 선거권자가 불이익을 받지 않게 하기 위함이다.

해상에 장기 기거하는 선원들에 대해서 선장의 감독 아래 각 선박에 지정된 모사전송(Facsimile, 팩스) 시스템을 이용한 선상투표 방안이 전송 과정에서 투표의 내용이 직·간접적으로 노출되어 비밀선거원칙이 침해될 우려가 있다는 지적이 있었다. 이에 대해 헌법재판소는 "통상 모사전송 시스템의 활용에는 특별한 기술을 요하지 않고, 당사자들이 스스로 이를 이용하여 투표를 한다면 비밀 노출의 위험이 적거나 없을 뿐만 아니라, 설사 투표 절차나 전송 과정에서 비밀이 노출될 우려가 있다 하더라도, 이는 국민주권 원리나 보통선거원칙에 따라 선원들이 선거권을 행사할 수 있도록 충실히 보장하기 위한 불가피한 측면이라 할 수도 있으므로, 이를 두고 섣불리 헌법에 위반된다 할 수 없다. 더욱이 그러한 방식에 의한 선상투표가 인정된다면, 주권자로서의 자발적인 의사에 기하여 선거권을 행사하려는 선원들로서는 자신의 투표 결과에 대한 비밀이 노출될 위험성을 스스로 용인하고 투표에 임할 수도 있을 것이다"[52]라고 판시하였다.

생각건대 이러한 헌법재판소의 논리는 설사 직접선거원칙이나 비밀선거원칙에 위반되더라도 보통선거원칙에 부합하기만 한다면 위헌이 아니라는 비헌법적 사고의 결과이다.

5. 자유선거의 원칙

자유선거란 선거권자가 외부로부터의 강제나 부당한 간섭이나 영향을 받지 않고 투표권을 자유롭게 행사할 수 있는 선거[53] 및 자유롭게 공직선거 후보자로 입후보할 수 있고 후보자·정당·단체 등이 자유롭게 선거운동을 할 수 있는 선거를 말한다.

52 헌재 2007. 6. 28. 2005헌마772.

53 홍일선, 선거권과 선거의무, 공법연구 제34집 제3호, 2006. 2, 353면.

(1) 국가기관이나 지방자치단체의 국정홍보물 배포

동일한 선출직 공무원인 국회의원이나 지방의회의원에게는 그 임기 중 그들의 활동상황, 공약실천사항 등을 사진과 함께 실은 홍보물을 의정보고서 등의 제목으로 원칙적으로 허용하고 있으면서 지방자치단체의 장에게는 자치단체의 활동상황을 담은 홍보물의 발간, 배포를 원칙적으로 금하는 공직선거법 조항이 기본권을 침해한다며 헌법소원을 청구한 사건이 있었다.[54]

이에 대해 헌법재판소는

> "국회의원과 지방의회의원은 선거기간을 제외하고는 아무런 제한을 받음이 없이 지역의 유권자에게 의정활동보고를 할 수 있는 반면에, 지방자치단체의 장은 지방자치단체의 홍보물의 발행·배부에 있어서 발행횟수 및 발행금지기간에 관하여 보다 강한 제한을 받고 있다. 그런데 국회의원과 지방의회의원의 의정활동보고는 그들이 국민이나 주민의 대표로서 행한 의회에서의 정치적 활동을 자신을 선출한 선거구민에게 직접 보고하는 행위로서 선거구민에게 '자신'의 활동상황을 알리는 것이 주된 목적이지만, 지방자치단체의 홍보물은 '지방자치단체'의 활동상황 및 사업계획 등을 주민에게 알리는 것으로서 지방자치단체의 장의 활동상황을 알리는 것이 주된 목적은 아니므로, 지방자치단체가 발행하는 홍보물은 특정인의 홍보물로 사용될 가능성을 사전에 차단해야 할 필요성이 더욱 크다 할 것이다. 따라서 선거를 공정하게 치르고 선거운동의 기회균등을 보장하기 위하여 법이 국회의원과 지방의회의원의 의정활동보고와 지방자치단체의 홍보물의 발행을 규율함에 있어서 그 제한을 달리한 것은 합리적인 이유에 근거한 차별로서 평등원칙에 위배되지 않는다"고 판시하였다.

국회의원이나 지방의회의원과는 달리, 지방자치단체의 장에게는 자치단체의 활동상황을 담은 홍보물의 발간, 배포를 원칙적으로 금하는 공직선거법 조항의 기본권 침해 여부를 다툼에 있어서 헌법재판소는 선거운동의 기회균등 보장이라는 합리적 이유가 있기 때문에 차별이 정당하다고 설시하였다. 그

54 헌재 1999. 5. 27. 98헌마214.

러나 국회의원선거와 지방의회의원선거에 있어서도 현직 의원이 유리한 지위에서 홍보물의 발간·배포를 통해 '자신'의 활동상황을 알릴 수 있으므로 선거운동의 기회균등이 이루어지지 않고 있는 것은 의원선거에서도 동일하다. 생각건대, 지방자치단체의 장뿐만 아니라 국회의원과 지방의회의원의 경우에도 동일하게 선거일 전 며칠부터 홍보물의 발간·배포를 법으로 금지하는 것이 선거운동의 기회균등을 위해 필요하다.

(2) 선거의무 및 투표강제

국가가 선거권자의 선거참여를 높이기 위해 법에 선거의무를 규정하고 선거권 행사를 포기하는 자에게 일정한 제재를 가하는 것이 자유선거원칙에 위반되는지가 문제된다. 즉, 헌법상 자유선거의 원칙에 '투표의 내용'뿐만 아니라 '투표의 행사 가부'까지도 선거권자의 자유로운 결정에 맡겨야 하는지가 문제된다. 생각건대 국민의 선거의 자유를 되도록 넓게 보장한다는 취지에서 자유선거의 원칙에는 '투표의 내용'뿐만 아니라 '투표의 행사 가부'까지도 포함하는 것으로 보아야 한다. 왜냐하면 법을 통한 제재 중심의 선거의무 부과는 진정한 국민의 국정의사 참여로 유도될 수 없기 때문이다.[55] 선거에의 비참여 또는 무반응은 현 정치에 대한 심판의 성격도 겸하므로 정치의 무능 또는 불신의 원인을 제공한 정치권에 대한 문제를 국민에 대한 선거의무 내지 투표강제로 해결하는 것은 타당하지 않다.

Ⅲ. 선거권과 관련한 사건에서 일반적 선거원칙으로 심사해야 할 필요성

1. 선거권과 관련한 헌법재판소 결정 분석

(1) 예비후보자등록시 일정한 기탁금 납부

헌법재판소는 예비후보자등록시 일정한 기탁금을 납부하도록 하고, 예비

55 유사한 취지로 홍일선, 선거권과 선거의무, 공법연구 제34집 제3호, 2006. 2, 361면.

후보자가 후보자등록을 하지 않는 등 일정한 경우에 기탁금을 국고에 귀속하도록 규정한 공직선거법(2010. 1. 25. 법률 제9974호로 개정된 것) 제57조 제1항 제1호 다목 및 제60조의2 제2항 후단이 청구인의 공무담임권 등을 침해하지 않는다고 판시하였다.[56]

헌법재판소는 "예비후보자의 기탁금제도는 공식적인 선거운동기간 이전이라도 일정범위 내에서 선거운동을 할 수 있는 예비후보자의 무분별한 난립에 따른 폐해를 예방하고 그 책임성을 강화하기 위한 것으로서 입법목적이 정당하고, 예비후보자에게 일정액의 기탁금을 납부하게 하고 후보자등록을 하지 않으면 예비후보자가 납부한 기탁금을 반환받지 못하도록 하는 것은 예비후보자의 난립 예방이라는 입법목적을 달성하기 위한 적절한 수단이라 할 것이며 예비후보자가 납부하는 기탁금의 액수와 국고귀속 요건도 입법재량의 범위를 넘은 과도한 것이라고 볼 수 없으므로, 공직선거법 제57조 제1항 제1호 다목 및 제60조의2 제2항은 청구인의 공무담임권, 재산권을 침해하지 아니한다"[57]고 판시하였다.

생각건대 이 사건에서 헌법재판소는 공무담임권 침해 여부를 비례의 원칙으로 심사하였다. 그러나 공무담임권을 중심으로 한 비례의 원칙에 의한 심사 보다는 선거원칙 중 평등선거의 원칙에 의거하여 심사함이 타당할 것이다. 즉, 당내 경선에 참가한 정당 소속 예비후보자와 청구인과 같은 무소속 예비후보자간의 공직선거에 있어 평등선거원칙에 위반되는지 여부를 중심으로 심사하였어야 한다. 청구인은 자신의 공무담임권 침해를 본질적으로 문제삼은 것이 아니라, 공직선거법에 의해 예비후보자로 등록할 때 납부한 기탁금이 국가 또는 지방자치단체에 귀속되기 때문에 정당 소속 예비후보자와는 달리 청구인과 같은 무소속 예비후보자의 경우에는 납부한 기탁금을 반환받지 못하기 때문에 이미 납부한 기탁금을 반환받고자 하여 헌법소원을 청구한 것이기 때문이다.

---

56 헌재 2010. 12. 28. 2010헌마79.
57 헌재 2010. 12. 28. 2010헌마79, 판례집 22-2하, 820.

(2) 오전 10시부터인 부재자투표시간

예비후보자등부재자투표시간을 오전 10시부터 오후 4시까지로 정하고 있는 공직선거법 제155조 제2항 본문(이하 '이 사건 투표시간조항'이라 하며, 그 중 "오전 10시에 열고"부분은 '투표개시시간 부분', "오후 4시에 닫는다"부분은 '투표종료시간 부분'이라 한다) 중 투표개시시간 부분이 청구인의 선거권을 침해하는지 여부가 문제된 사건이었다.[58]

이 사건 공직선거법 조항이 투표개시시간을 일과시간 이내인 오전 10시부터로 정한 것은 투표시간을 줄인 만큼 투표관리의 효율성을 도모하고 행정부담을 줄이는 데 있고, 그 밖에 부재자투표의 인계·발송절차의 지연위험 등과는 관련이 없다. 이에 반해 일과시간에 학업이나 직장업무를 하여야 하는 부재자투표자는 이 사건 투표시간조항 중 투표개시시간 부분으로 인하여 일과시간 이전에 투표소에 가서 투표할 수 없게 되어 사실상 선거권을 행사할 수 없게 되는 중대한 제한을 받는다. 따라서 이 사건 투표시간조항 중 투표개시시간 부분은 수단의 적정성, 법익균형성을 갖추지 못하므로 과잉금지원칙에 위배하여 청구인의 선거권과 평등권을 침해한다고 판시하였다.

이 사건에서 헌법재판소는 오전 10시부터인 부재자투표시간 조항의 선거권 침해 여부를 비례의 원칙으로 심사하였다. 그러나 이 사건에서 헌법소원심판의 중요한 심사초점은 부재자투표의 인계·발송절차가 지연되는 것을 막고 투표관리의 효율성을 제고하고 투표함 관리위험의 경감이라는 입법목적의 달성에 적합한 수단으로서 오전 10시부터인 부재자 투표개시시간이 과도한 수단인지를 판단하기 위함이 아니라, 공직선거법상 오전 10시부터인 부재자투표시간이 부재자신고자의 입장에서 일정 연령에 달한 국민이 누구나 선거에 참여할 수 있는 조건을 형성하고 있지 못하고 있기 때문에 헌법소원을 청구한 것이다. 따라서 이는 단순히 선거권 행사의 제한 문제라기 보다는 보통선거원칙 위반 여부를 중심으로 심사함이 타당해 보인다.

---

58 헌재 2012. 2. 23. 2010헌마601.

(3) 과도한 기탁금 납부

대통령선거 후보자등록 요건으로 5억 원의 기탁금 납부를 규정한 공직선거법 제56조 제1항 제1호가 후보예정자의 공무담임권을 침해하는지 여부가 문제되었다.[59]

후보자난립 방지를 위해 기탁금제도를 두더라도 기탁금 금액이 현저하게 과다하거나 불합리하게 책정된 것이라면 헌법상 허용될 수 없게 된다. 5억 원의 기탁금은 대통령선거 입후보예정자가 조달하기에 매우 높은 액수임이 명백하다. 기탁금은 공직선거법상 유효투표총수의 10~15%의 득표를 받을 경우에 50%가 반환되고, 15% 이상의 득표를 받을 경우에만 전액 반환되므로, 그러한 지지율에 못 미칠 경우 5억 원을 기꺼이 희생할 수 있는 사람이 아니라면 피선거권 행사를 못하게 될 것이다. 현행 선거법 하에서 대통령선거의 기탁금 액수가 종전과 같이 3억 원이 되어야 할 필요성은 오히려 약해졌는데도 기탁금이 5억으로 증가되어 있고, 또 기탁금이 반환되는 유효투표총수의 득표율은 더 높아졌다. 결국, 이 사건 조항이 설정한 5억 원의 기탁금은 대통령선거에서 후보자난립을 방지하기 위한 입법목적의 달성수단으로서는 개인에게 현저하게 과다한 부담을 초래하며, 이는 고액 재산의 다과에 의하여 공무담임권 행사기회를 비합리적으로 차별하므로, 청구인의 공무담임권을 침해한다고 판시하였다.

생각건대 이 사건에서 헌법재판소는 공무담임권 침해 여부를 비례의 원칙으로 심사하였으나 선거원칙 중 평등선거의 원칙에 의거해 심사함이 타당할 것이다. 청구인의 경우 5억 원의 기탁금이 자신의 공무담임권을 침해하는지 여부를 문제삼는 것이 아니라, 공직선거법상 과도한 기탁금 납부 규정으로 인해 상당한 선거비용과 5억 원의 기탁금을 조달하지 못하는 후보자와 이러한 재정적 능력을 갖춘 후보자간의 피선거권 행사에 있어서 불합리한 차별이 존재하고, 이로 인해 피선거권자의 출마가 불가능하다는 것이다. 이 사건의 경우 공무담임권 침해 문제로 판단할 것이 아니라, 헌법상 보통선거원칙과 평등선거원칙 위반 여부를 심사했어야 할 것이다.

---

59 헌재 2008. 11. 27. 2007헌마1024.

(4) 외국의 교육과정 이수자의 수학기간 기재의무

공직선거법이 국내의 정규학력 이수자에 대해서는 수학기간의 기재를 요구하지 않으면서 정규학력에 준하는 외국의 학력에 대해서는 그 과정을 모두 마친 경우에도 수학기간의 기재를 요구하는 것이 불합리한 차별인지 여부가 문제되었다.[60]

헌법재판소는

> "국내의 정규학력의 경우에는 학교명과 학위명 등에 관한 정보와 관련 법령의 내용을 통해 수학기간을 쉽게 파악할 수 있는 반면, 외국의 교육과정에 대해서는 학교명이나 학위명만으로 그 수학기간을 알기 어려울 뿐 아니라 각 나라의 관련 법령을 통해 그것을 확인한다는 것도 쉽지 않으므로, 국내의 정규학력에 대해서는 수학기간의 기재를 요구하지 않으면서 정규학력에 준하는 외국의 교육과정을 이수한 경력에 대해서만 수학기간을 기재하도록 요구하는 것이 불합리한 차별이라고 볼 수 없으며, 국내 정규교육과정이라 하더라도 중퇴의 경우에는 수학기간을 기재하지 않으면 학력의 차이를 비교할 수 없으므로 외국의 정규교육과정을 모두 마친 자를 국내 정규교육과정의 중퇴자와 마찬가지로 수학기간의 기재를 요구하는 것도 불합리한 차별이라고 할 수 없다"[61]고 판시하였다.

이 사건에서 청구인은 자신의 외국의 학력 수학기간을 기재하지 않도록 공직선거법이 개정되어야 하고 이로 인해 국내의 정규학력 이수자와의 선거운동에 있어서 기회균등을 받기 위해 헌법소원을 청구한 것이다. 즉, 청구인이 원하는 바는 선거에 있어서 국내의 정규학력 이수자와 외국의 교육과정 이수자간에 수학기간의 기재 여부에 따라 차별취급하지 말 것을 요구하는 것이 아니라, 공직선거법상 외국 학력의 수학기간 기재 규정을 삭제하여 선거운동의 기회균등을 받게 해 달라는 것이다. 이는 일반적인 평등권의 침해 문제로

---

60 헌재 2010. 3. 25. 2009헌바121.

61 헌재 2010. 3. 25. 2009헌바121, 판례집 22-1상, 479, 479-480.

해결하기 보다는 선거운동에 있어서 학력에 의한 제한으로 보통선거원칙이나 평등선거원칙 위반 여부로 심사함이 타당해 보인다.

2. 선거권 관련 사건에 비례의 원칙에 의한 심사시 문제점

우리나라 헌법재판소는 선거권 관련 사건에서 선거권에 대한 기본권 침해를 문제삼아 선거권의 제한이 과도하여 선거권 침해 여부를 심사하고 있다. 그러나 자세히 살펴보면, 이러한 선거권 관련사건에서 국가의 공권력이 과도한 수단으로 선거권을 침해하는지가 초점이 되기보다는 헌법상 선거원칙을 위반하면서 선거권 자체를 행사하지 못하여 보통선거원칙에 위반되거나 다른 사람이나 집단과 차별되게 선거권을 부여하고 있어 평등선거원칙을 위반하는지 여부를 심사하는 것이 적절해 보인다. 이는 선거법의 위헌심사에 있어서 일반적인 비례의 원칙, 즉 "목적이나 수단간의 관계에서 제한하는 수단이 과도한 것인지"의 관점이 아닌, "당해 선거법이 헌법상 선거원칙에 위반되는지 여부" 즉 선거원칙 위반 여부의 관점에서 심사해야 한다는 것이다.

선거권 관련 사건에서 비례의 원칙에 의한 심사가 아닌, 선거원칙에 의한 심사를 해야 하는 필연성은 다음과 같다. 첫째, 구체적인 선거권 관련 사건에서 청구인들은 선거의 자유라는 관점에서 자유권 침해 여부를 문제삼는 것이 아니라, 보통선거원칙과 평등선거원칙이라는 선거원칙 위반 여부가 헌법소원심판이나 위헌법률심판의 청구취지의 핵심이다.

둘째, 선거권 관련 사건에 비례의 원칙으로 심사하게 되면, 침해의 최소성에서 선거권을 덜 제한하는 수단을 찾기가 어렵다. 예를 들어, 공직선거법에 선거연령을 만 20세로 정하고 있는 법조항의 위헌 여부를 판단할 경우, 먼저 '목적의 정당성' 부분과 관련하여 만 20세라는 연령은 정치적 판단능력의 고려한 연령으로서 선거의 공정성이라는 입법목적이 정당하다고 판단하게 된다. 이러한 선거의 공정성은 헌법 제37조 제2항의 공공복리에 적합한 목적으로서 입법목적의 정당성이 인정된다. 다음으로, 수단의 적합성 부분에서는 만 20세라는 선거연령에 의한 선거권의 제한은 선거의 공정성을 위한 입법목적에 기여할 수 있는 적합한 수단이다. 또한 침해의 최소성 부분에서는 만 20세라는 선거연령 보다 선거권을 덜 제한하는 다른 수단이 존재하지 않는다. 결국 선거연령을 하향조정하는 방법밖에 없는데, 이는 당해 공직선거법 규정이 위헌이라는 논리와 일맥상통한다.

셋째, 선거권 관련 사건에서 비례의 원칙 심사 중 법익의 균형성에서 달성하려는 공익으로 인해 제한받는 선거권의 불이익을 판단함에 있어서 곧바로 선거권 박탈로 이어진다. 즉, 사익의 중요성과 비중이 막대하여 단순히 추상적인 입법목적인 선거의 공정성만으로는 법익형량이 제대로 이루어질 수 없게 된다. 법익의 균형성에서는 공직선거법상 만 20세라는 선거연령을 규정함으로써 달성하려는 선거의 공정성이라는 공익과 그러한 공익을 통해 제한되는 선거권의 박탈이 문제된다. 즉, 공직선거법상 만 19세 이하의 국민은 선거권을 제한받는 것이 아니라, 선거권 자체가 부여되지 않음으로 인한 선거권 자체의 박탈이 문제된다.

Ⅳ. 결 론

1. 헌법재판소는 선거권과 관련한 심사에 있어서 일정한 또는 확립된 심사기준을 가지고 판단하는 것이 아니고, 주로 비례의 원칙을 심사기준으로 기본권 침해 여부를 심사하고 있다. 이 경우에도 기본권 유형별로 또한 사건별로 상이한 단계의 비례의 원칙을 사용하고 있다. 선거권과 관련한 헌법재판에서 기본권 침해와 관련하여, 비례의 원칙 위반 여부로 판단하기 보다는 선거원칙(보통선거원칙이나 평등선거원칙, 직접선거원칙 등)을 위반했는지 여부를 심사함이 바람직해 보인다. 선거권과 관련한 구체적 사건에서 헌법재판소가 비례의 원칙을 심사기준으로 사용하게 되면, 침해의 최소성 부분과 법익의 균형성 부분에서 논증하기 부적절한 상황이 발생한다.

2. 선거와 관련한 헌법재판의 심사기준으로서 보통선거원칙, 평등선거원칙, 직접선거원칙, 비밀선거원칙, 자유선거원칙 등 선거원칙이 유용하게 활용될 수 있다. 선거권과 관련한 사건에서 보통선거원칙의 적용과 관련하여,

① 보통선거권은 연령이나 행위능력 등을 제외하고 국민이면 누구나 행사주체가 되어야 하므로 입법자의 입법형성의 자유가 축소된다. 따라서 헌법소원심판의 청구인이 선거권이나 피선거권을 부여받지 못할 정당한 이유가 있는가를 엄격한 기준으로 심사해야 한다. 단순히 입법자의 형성의 자유라는 모호한 이유로 보통선거원칙의 예외로 인정하는 것은 문제가 있다. 또한 ② 평등선거원칙을 적용하는 경우, 입법상의 선거권 내지 피선거권에 관한 법규정이 다른 사람이나 집단과의 차별을 발생시킨다면, 평등원칙 내지 평등권 심사기준 중 엄격한 심사기준을 적용하여 심사해야 한다. 왜냐하면, 선거권과 관련한 차별은 정치적 기본권과 관련되고 민주주의에 직접적인 영향을 미치는 사항이며 관련 기본권의 중대한 제한을 초래하게 되므로 엄격심사기준이 적용되어야 한다. ③ 직접선거원칙의 적용에 있어서는 선거결과에 선거권자가 직접 투표하는 것을 저해하는 입법행위나 공권력 행위가 존재한다면 곧바로 직접선거원칙 위반이 될 것이다. 마지막으로 ④ 비밀선거원칙의 적용과 관련하여, 선거권자의 투표행위시 비밀 노출 방지의무를 지는 입법자가 입법부작위를 하고 있다면 이는 비밀선거원칙 위반이 될 것이다. ⑤ 자유선거원칙과 관련하여, 자유선거라는 것은 '투표의 내용'뿐만 아니라 '투표의 행사 가부'까지도 국민의 자유에 맡긴다는 취지로 이해해야 한다. 법을 통해 강제적으로 선거의무를 부과하는 것은 진정한 국민의 국정의사 참여가 아니기 때문이다. 선거에의 비참여 또는 무반응은 현 정치에 대한 심판의 성격도 겸하므로 그 책임을 국민에게 전가하기 위해 국민에게 선거의무를 부과하는 것은 국민주권원리에 부합하지 않는다.

제 4 장

선거제도와 선거절차

CHAPTER 04

선거제도와 선거절차

Ⅰ. 대표제와 선거구제

1. 의 의

대표제라 함은 대표결정방식 또는 의원정수배분방법을 말하고, 선거구제라 함은 선거인단을 지역단위로 분할하는 방식을 의미한다. 대표제와 선거구제는 별개의 문제가 아니며 상호간 밀접한 관련을 지니고 있다. 이와 같은 대표제와 선거구제는 기본적으로 대표결정방식과 선거인단의 지역적 분할에 관한 기술적 문제이다. 그러나 어떠한 대표제와 선거구제를 택하느냐에 따라 현실정치에 미치는 영향은 지대하다.

2. 대표제의 종류

(1) 다수대표제

다수대표제란 대표자의 선출을 선거구의 다수자의 의사에 따라 다수표를 얻은 사람을 당선자로 결정하는 방법이며, 다수대표제에는 상대적 다수대표제와 절대적 다수대표제가 있다. 상대적 다수대표제(예: 영국)는 상대적 다수를 얻은 사람이 당선되는 것이며, 절대적 다수대표제(예: 프랑스)는 투표자 과반수 이상의 득표를 얻은 자가 당선되는 것으로서 1차 선거에서 절대다수를 획득한 후보자가 없는 경우에는 결선투표를 통하여 절대다수를 획득한 후보자를 선출하는 제도이다. 다수대표제는 선거인과 대표자간의 유대관계형성이 용이해진다는 점과 다수세력의 형성이 쉽다는 점이 장점이며, 이 점에서 안정다수세력을 필요로 하는 의원내각제와 친화적 관계를 지니고 있다. 단점으로는 유효소수표가 대표관계에 반영되지 못하여 사표가 되며, 정치적인 소수세력의 이해관계가 무시되고, 선거구 획정이 선거결과에 중요한 역할을 하기에, 선거구 획정에 있어서 자의적인 선거구분할(Gerrymandering)의 위험성이 있다. 또한 정당의 득표율과 확보 의석수간의 정비례관계가 성립되지 않아 득표에서는 우세하지만 의석수에서는 실패하는 불합리한 결과인 바이어스(Bias)현상이 발생할 수 있다.

(2) 비례대표제

비례대표제는 정당의 득표율에 비례하여 의석을 각 정당에 배분하는 선거제도를 의미한다. 비례대표제는 다수대표제의 문제점을 시정·보완하기 위한 제도로서, 각 정치세력의 득표율에 비례하여 의석을 배분하는 방법인 것이다. 특히 정당명부식 비례대표제는 선거인이 각 정당의 합동명부에 대하여 투표하고 득표수의 비율에 따라 당선자를 결정하는 방식을 내용으로 하고 있다. 비례대표제는 득표수를 정확하게 반영한 대표를 선출할 수 있다는 점과 소수당에게도 의석을 배분하여 소수당의 의사에 대한 다수당의 횡포를 방지할 수 있다는 점 및 현대 정당정치에 적합하다는 점 등이 장점으로 거론되고 있다. 단점으로는 군소정당의 난립으로 정국불안을 초래할 위험이 있다는 점과 선거인과 대표자간의 유대가 단절될 가능성이 있다는 점 및 기술적 곤란성과 절차적 복잡성 등이 단점으로 지적되고 있다.

우리나라 공직선거법 제189조에서는 비례대표국회의원의석의 배분과 관련하여 동조 제1항에 "중앙선거관리위원회는 비례대표국회의원선거에서 유효투표총수의 100분의 3 이상을 득표하였거나 지역구국회의원총선거에서 5석 이상의 의석을 차지한 각 정당(의석할당정당)에 대하여 당해 의석할당정당이 비례대표국회의원선거에서 얻은 득표비율에 따라 비례대표국회의원의석을 배분한다"고 규정하고 있다.

비례대표 투표결과의 계산방식은 쿼터방식(Quotenverfahren)과 제수방식(Divisorverfahren)으로 구분할 수 있다. 제수방식에는 득표수와 의석수의 관계에 있어서 득표결과에 상응하여 전체의석수를 결정하는 돈트(d'Hondt)식과 생라그/쉐퍼스(Sainte-Laguë/Schepers)식이 있다. 그 반면, 쿼터방식에는 이른바 쿼터(득표수/총 유효득표수)로 계산하는 해어/니마이어(Hare/Niemeyer)식이 있다.

3. 비례대표선거제에 있어서 의석배분방식

비례대표 투표결과에 따른 의석배분 계산방식은 그 수적 결과를 정리하여 마무리하는 방식에 따라 구분된다. 수학적으로 쿼터방식(Quotenverfahren)과 제수방식(Divisorverfahren)으로 구분할 수 있다. 제수방식에는 득표수와 의석수의 관계에 있어서 득표결과가 상응하게 전체의석수를 결정하는 '돈트(d'Hondt)식'과 '생라그/쉐퍼스(Sainte-Laguë/Schepers)식'이 있다. 그 반면, 쿼터방식에는 이른바 쿼터(득표수/총 유효득표수)로 계산하는 '해어/니마이어(Hare/Niemeyer)식'이 있다.

(1) 돈트 식

돈트 식은 벨기에의 수학자인 Victor d'Hondt에 의해 창안된 계산방법으로서, 각각의 정당 득표수를 1, 2, 3 …의 제수로 순차적으로 나눈 다음 이들 각각의 몫을 구한 후, 그 몫의 수치가 큰 숫자부터 의석을 배분해 나가는 방법이다. 즉, 돈트 식은 나눔수열의 최고수에 따라 순차적으로 배분하는 방식으로서, 득표수를 돈트 분모수열에 의해 나눈 후, 그 몫의 크기를 비교해 큰 순서대로 의석을 배분한다.

돈트 식에 의해 의석배분을 하게 되면, 각 정당의 몫이 차례대로 배분이 되지 않는 경우가 발생할 수 있으므로, 실제적으로는 득표율에 정비례하는 의석배분의 달성이 어렵다는 것이 일반적인 견해이다. 또한 돈트 식에 의해 의석배분을 하게 되면, 대정당에게 유리하고 군소정당에게 불리한 의석배분의 결과가 된다.

(2) 해어/니마이어 식

해어/니마이어 식[1]은 영국의 Thomas Hare와 독일의 수학자 Niemeyer에 의해서 창안된 계산방법으로서, 각 정당의 득표수를 전체의석수와 곱한 숫자를 다시 전체유효투표수로 나누어서 각 정당의 몫을 구한 후, 그 몫의 자연수에 해당하는 만큼 각 정당에게 의석을 배분하게 되며, 이 경우 만약에 남는 의석이 발생할 때에는 기존에 계산한 몫의 소수점 이하 숫자의 크기 순서에 따라 나머지의 의석을 순차적으로 배분하는 방법이다.

(3) 생라그/쉐퍼스(Sainte-Laguë/Schepers) 식

생라그/쉐퍼스(Sainte-Laguë/Schepers) 식은 나눔제수방식에 의해 의석을 배분하는 방식으로, 각각의 정당 득표수를 0.5, 1.5, 2.5, … n-0.5의 제수로 순차적으로 나눈 다음 이들 각각의 몫을 구한 후, 그 몫의 수치가 큰 숫자부터 의석을 배분해 나가는 방식이다. 즉, 정당의 득표수를 2/1, 2/3, 2/5, 2/7, 2/9 … 로 나누어 나눔 수 열의 최고수에 따라 순차적으로 배분하는 방식이다.

4. 선거구제의 종류

(1) 소선거구제

소선거구제는 하나의 선거구에서 1명의 대표자를 선출하는 선거구제를 말한다. 소선거구제의 장점으로는 양당제에 유리하여 정국의 안정을 기하기 쉬우며, 유권자와 후보자의 유대가 밀접하고, 선거비용이 적게 들고, 보궐선거와 재선거를 행하기가 쉽다는 점이다. 반면에 단점으로는 사표가 많이 나오며, 선거구획정에 있어서 다수당에 의한 자의적인 선거구획정인 이른바 게리멘더링의 위험이 높고, 정실·인연·매수 등 부정투표의 위험이 크고, 전 국민의 대표 보다는 지방적인 인물의 당선가능성이 크다는 점이다.

---

1 해어/니마이어 방식은 투표수 배분을 통한 의석수 배분방식인 해어 방식과 수학적 비례계산법을 통한 의석배분방식인 니마이어 방식을 합친 것이다. 해어 방식과 니마이어 방식의 계산 결과가 동일하기 때문에 일반적으로 해어/니마이어 방식이라고 한다(Woyke, 1996, S. 36 ff.).

(2) 중선거구제

중선거구제는 한 선거구에서 2인 이상 4인 이하의 대표자를 선출하는 선거구제를 말한다. 중선거구제는 소선거구제에 비하여 사표를 줄일 수 있고 소수파와 신진세력의 당선이 용이해져 소수보호와 국가정책결정에 있어서의 다양한 견해의 반영이라는 점에서 긍정적이다. 또한 지역구의 과대와 과소에 따르는 모순과 결함을 완화할 수 있는 장점이 있으나 선거인들이 후보자를 선정하는데 어려움이 있고 선거비용이 과다하게 소요되는 단점이 있다고 평가되고 있다.[2]

(3) 대선거구제

대선거구제는 한 선거구에서 5명 이상의 대표자를 선출하는 선거구제를 말한다. 대선거구제의 장점으로는 가능한 사표를 적게 하여 소수대표를 가능하게 하고, 소선거구제에서와 같은 정실·인연·매수 등 부정투표의 위험이 적고, 인물선택의 범위를 확대한다. 반면 단점으로는 소수당의 출현으로 정국의 불안정이 초래될 가능성이 크고, 다액의 선거비용을 필요로 하고, 유권자와 후보자의 유대가 밀접하지 못하고, 보궐선거나 재선거가 행하여지기 어렵다.

5. 우리나라 대표제 및 선거구제

(1) 우리나라 공직선거법 규정

현재 국회의원선거는 지역구에서의 다수대표제 특히 상대적 다수표를 획득하는 것으로 충분한 상대다수대표제와 전국 단위의 비례대표제를 혼합하여 실시하고 있다. 우리나라의 공직선거법은 국회의원선거에 관하여 지역구 다수대표제와 비례대표제를 병행하고 있다. 공직선거법 제20조에 의하여 비례대표국회의원은 전국을 단위로 하여 선거하는 이른바 '전국구'이며, 정당명부식 중에서도 명부상의 후보자와 그 순위가 처음부터 정당에 의하여 고정적으로 결정되어 있는 방식인 이른바 고정명부식의 비례대표제를 택하고 있다. 이처럼

---

2 권영성, 헌법학원론, 214면.

우리나라의 현행 국회의원선거제도는 지역구다수대표제와 비례대표를 혼합하고 있는 선거제도를 채택하고 있는데, 지역구에서는 상대다수제를 택하고 있고 비례대표제에서는 50% 여성공천의무할당제와 정당별득표기준에 따라서 비례대표의석을 배분하고 비례대표의석의 배분에 있어서는 저지조항은 득표율기준(3%)과 의석기준(5석)을 함께 정한 점 등이 현행 국회의원선거제도의 특징이라고 할 수 있다.[3]

우리나라 공직선거법에서는 지방기초의회 의원 선거에서는 중선거구제를 도입하고 있다. 공직선거법 제22조 제1항에서 "시·도별 지역구시·도의원의 총 정수는 그 관할구역 안의 자치구·시·군(하나의 자치구·시·군이 2 이상의 국회의원지역선거구로 된 경우에는 국회의원지역선거구를 말하며, 행정구역의 변경으로 국회의원지역선거구와 행정구역이 합치되지 아니하게 된 때에는 행정구역을 말한다) 수의 2배수로 하되, 인구·행정구역·지세·교통, 그 밖의 조건을 고려하여 100분의 14의 범위에서 조정할 수 있다. 다만, 자치구·시·군의 지역구시·도의원 정수는 최소 1명으로 한다"고 규정하고 있다. 공직선거법 제22조 제3항에서 "제1항 및 제2항의 기준에 의하여 산정된 의원정수가 19명 미만이 되는 광역시 및 도는 그 정수를 19명으로 한다"고 규정하고 있다.

(2) 각국의 선거구간 인구 불균형문제

1) 미 국

미국의 경우 선거구획정에 있어서 선거구인구불평등은 정치적 문제(political question)이므로 그 해결은 정치적으로 해결해야지, 사법심사의 대상에서는 제외되어야 한다고 하였다가(Colegrove v. Green 사건(1946)) 이후 지나치게 불평등한 인구비례의 선거구획정은 수정헌법 제14조의 평등보호조항에 위배되고 사법심사의 대상이 된다고 하였다(Baker v. Carr 사건(1962)).

2) 일 본

일본 최고재판소는 1985년 유권자 1표의 가치가 최고 4배이상(1 對 4.40) 차이가 났던 중의원선거의 의원정수배정은 법 앞에 평등을 규정한 헌법에 위

---

3 허영, 헌법이론과 헌법, 987면.

반된다고 판시한 바 있다.

3) 독 일

독일 연방선거법에서는 선거구획정에 관해 규정하고 있다. 선거구획정에 있어서 연방통계국장을 위원장으로 하고, 1명의 연방행정재판소 재판관과 5명의 위원으로 구성되는 선거구획정위원회가 설치되어 있다(연방선거법 제3조 제2항). 독일의 선거구획정의 기준에 있어서는 각 선거구의 인구와 전체선거구의 평균인구의 편차는 상하 25%(1/4) 이상을 넘지 못하도록 하고 있다. 독일연방헌법법원은 1963년 선거구간 인구편차가 33$\frac{1}{3}$% 이상이면 연방의회에서 선거법부표를 개정하여 선거구를 새로 편성하도록 판시한 바 있다.

(3) 우리나라 선거구

게리맨더링의 금지에 관하여, 특정 지역의 선거인들이 자의적인 선거구획정으로 인하여 정치과정에 참여할 기회를 잃게 되었거나, 그들이 지지하는 후보가 당선될 가능성을 의도적으로 박탈당하고 있음이 입증되어 특정 지역의 선거인들에 대하여 차별하고자 하는 국가권력의 의도와 그 집단에 대한 실질적인 차별효과가 명백히 드러난 경우, 즉 게리맨더링에 해당하는 경우에는, 그 선거구획정은 입법재량의 한계를 벗어난 것으로서 헌법에 위반된다.[4]

국회의원지역선거구간 인구편차의 허용기준과 관련하여 우리 헌법재판소는 "인구편차 상하 33$\frac{1}{3}$%를 넘어 인구편차를 완화하는 것은 지나친 투표가치의 불평등을 야기하는 것으로, 이는 대의민주주의의 관점에서 바람직하지 아니하고, 국회를 구성함에 있어 국회의원의 지역대표성이 고려되어야 한다고 할지라도 이것이 국민주권주의의 출발점인 투표가치의 평등보다 우선시 될 수는 없다"고 판시하였다.[5]

또한 선거구구역표의 일부에 위헌적 요소가 있는 경우 위헌선언의 범위와 관련하여 우리 헌법재판소는 불가분설의 입장이다. "우리 재판소는 95헌마224등 결정에서 선거구구역표는 전체가 불가분의 일체를 이루는 것으로서 일부 선거구의 선거구획정에 위헌성이 있다면, 선거구구역표의 전부에 관하여

4 헌재 2001. 10. 25. 2000헌마92.

5 헌재 2014. 10. 30. 2012헌마190·192·211·262·325, 2013헌마781, 2014헌마53(병합)

위헌선언을 하는 것이 상당하다는 취지의 판시를 함으로써 불가분설을 취하였는바, 이는 객관적 헌법질서의 보장이라는 측면이나 적극적인 기본권 보장의 측면에서 보더라도 타당한 것으로 보이므로 이러한 입장을 계속 유지하기로 한다."[6]

반면, 시·도의원 지역선거구의 인구편차의 허용기준에 관하여 우리 헌법재판소는 "시·도의원 지역선거구의 획정에는 인구 외에 행정구역·지세·교통 등 여러 가지 조건을 고려하여야 하므로, 그 기준은 선거구 획정에 있어서 투표가치의 평등으로서 가장 중요한 요소인 인구비례의 원칙과 우리나라의 특수사정으로서 시·도의원의 지역대표성 및 인구의 도시집중으로 인한 도시와 농어촌간의 극심한 인구편차 등 3개의 요소를 합리적으로 참작하여 결정되어야 할 것이며, 현시점에서는 상하 60%의 인구편차(상한 인구수와 하한 인구수의 비율은 4 : 1) 기준을 시·도의원 지역선거구 획정에서 헌법상 허용되는 인구편차기준으로 삼는 것이 가장 적절하다"고 판시하였다.[7]

6 헌재 2001. 10. 25. 2000헌마92.
7 헌재 2007. 3. 29. 2005헌마985.

제 5 장

선거운동의 자유

CHAPTER

05 선거운동의 자유

Ⅰ. 선거운동의 자유 대(對) 선거의 공정성보장

선거운동은 국민의 참정의욕을 고취시키고, 선거에의 관심을 높임은 물론 선거인에게 후보자의 선택에 관한 판단의 자료를 얻을 수 있는 유력한 기회가 되는 것이므로, 선거운동의 자유 혹은 선거에 있어서의 의사표현의 자유는 최대한으로 보장되는 것이 바람직하다. 그러나 선거운동의 자유라는 이름하에 무제한으로 방임될 경우에는 부당한 경쟁과 금력, 권력, 폭력 등의 개입으로 오히려 선거인의 자유의사가 왜곡되고 후보자 상호간의 실질적인 기회의 균등이 무너지는 등의 폐해가 초래될 우려가 매우 크므로 그에 대한 어느 정도의 제한은 필연적이라고 할 수 있다. 이에 우리 헌법은 "국민의 자유와 권리는 그 본질적인 내용을 침해하지 않는 범위 내에서 법률로써 제한할 수 있다"(헌법 제37조 제2항)고 함으로써 선거운동의 자유도 '선거의 공정성 보장'이라는 공익을 위하여 필요한 경우에는 법률로써 제한할 수 있도록 하였다.

공직선거법도 선거의 자유와 공정성을 확보하기 위하여 선거운동의 주체, 기간, 방법 등에 대하여 일정한 제한을 가하고 있다. 공직선거법의 각 조항들에 의한 선거운동의 제한은 의사표현의 내용 그 자체에 대한 제한이 아니라 선거운동 과정에서 예상되는 다양한 선거운동의 방법 중에서 특히 중대한 폐해를 초래함으로써 선거의 자유와 공정성을 해칠 우려가 크다고 인정되는 의사표현의 특수한 수단방법에 국한하고 있고, 또한 제한의 경우에도 필요한 경우에 최소한의 정도를 넘지 않아야 한다.

Ⅱ. 선거운동의 개념

1. 선거운동의 구성요소

현행 공직선거법 제58조 제1항[1]에 의하면 선거운동이란 당선되거나 되게 하거나 되지 못하게 하기 위한 행위를 말한다. '선거운동'이란 첫째, 특정한 선거에 관하여 행하여지는 행위이다. '특정한 선거'라 함은 그 행위가 선거운동이 되기 위해서는 그 대상이 되는 선거가 특정되어 있어야 한다는 것이다. 즉, 타인에게 표를 찍어 달라고 부탁을 하여도 언제 행하여지는 선거에 관한 것인지를 알 수 없을 때에는 선거운동이라고 할 수 없다.[2] 대법원도 "후보자등록 이전이라 하더라도 사회통념상 장래의 일정한 시기에 어떠한 선거가 있을 것이라는 사실을 객관적으로 인식할 수 있을 정도이면 선거가 특정되었다고 볼 수 있다"고 판시하였다.[3]

둘째, 선거운동은 '특정한 후보자'를 전제로 한다. 여기서 특정한 후보자란 반드시 이미 입후보되어 있는 후보자만을 가리키는 것은 아니고 장래에 입후보하려고 예정하는 자도 포함된다. 대법원도 "'후보자가 되고자 하는 자'라 함은, 선거에 출마할 예정인 사람으로서 정당에 공천신청을 하거나 일반 선거권자로부터 후보자추천을 받기 위한 활동을 벌이는 등 입후보의사가 확정적으로 외부에 표출된 사람뿐만 아니라 그 신분·접촉대상·언행 등에 비추어 선

---

1 공직선거법 제58조(정의 등) ① 이 법에서 "선거운동"이라 함은 당선되거나 되게 하거나 되지 못하게 하기 위한 행위를 말한다. 다만, 다음 각호의 1에 해당하는 행위는 선거운동으로 보지 아니한다. <개정 2000. 2. 16>
  1. 선거에 관한 단순한 의견개진 및 의사표시
  2. 입후보와 선거운동을 위한 준비행위
  3. 정당의 후보자 추천에 관한 단순한 지지·반대의 의견개진 및 의사표시
  4. 통상적인 정당활동

2 김영배, 선거운동과 선거범위반사례, 1982, 22-24면.

3 대판 1975. 7. 22. 75도1659.

거에 입후보할 의사를 가진 것을 객관적으로 인식할 수 있을 정도에 이른 사람도 포함된다"[4]고 판시하고 있다. 그리고 '특정'은 반드시 1인에 한정되는 것이 아니고 후보자가 다수인이라도 특정의 후보자로 인정될 수 있다.[5]

셋째, 선거운동은 '당선 또는 낙선을 목적으로 하는 행위'이다. 따라서 당선 또는 낙선의 가능성과 무관하며, 그것이 직접적이거나 간접적이거나를 불문한다. 직접적인 선거운동은 명시적인 투표매수행위, 투표의뢰행위 등을 말하며, 간접적인 선거운동은 행위자의 의사, 그 행위의 시기·내용·방법·대상·범위·태양·기타 사회상규 등을 종합적으로 고려하여 판단하여야 할 것이다. 그러나 선거인쇄물을 디자인하거나 차량을 운전하는 등 선거진행과정에서 기계적이고 기술적인 업무를 수행하는 것은 당선 또는 낙선을 목적으로 하는 것이 아니므로 선거운동으로 볼 수 없다.[6] 또한 정당의 통상적인 정당활동은 선거운동에 해당되지 않는다.[7] 정당의 어떤 행사나 집회가 통상적인 정당활동인지 여부는 그 활동의 실질적 내용이나 참가자가 당원들 만에 의한 것인지 여부, 행사의 시기, 규모 등을 살펴 이를 총체적으로 판단하여야 한다.[8]

2. 판례의 입장

(1) 대법원

대법원은 "선거운동이라 함은 특정 후보자의 당선 내지 득표나 낙선을 위하여 필요하고도 유리한 모든 행위로서 당선 또는 낙선을 도모한다는 목적의사가 객관적으로 인정될 수 있는 능동적·계획적인 행위를 말하는 것으로서, 피고인들과 같은 후보자 편 이외의 제3자가 당선의 목적 없이 오로지 특정 후보자의 낙선만을 목적으로 하여 벌이는 낙선운동은 특정인의 당선을 목적으로 함이 없이 부적격 후보자의 낙선만을 목적으로 하고 있다는 점에서 특정인의 당선을 목적으로 경쟁후보가 당선되지 못하게 하는 선거운동과 의미상으

4 대판 1998. 9. 22. 98도1992; 대판 2001. 6. 12. 2001도1012; 대판 2007. 7. 26. 2007도2625.
5 박승재, 선거공영제에 관한 연구, 법학논총, 한양대학교 법학연구소, 1986, 5면.
6 정병욱, 선거법, 박영사, 2002, 78-79면; 황정근, 선거부정방지법, 법영사, 2001, 117-120면 참조.
7 대판 2006. 10. 13. 2006도5768.
8 대판 1995. 2. 3. 94도753; 대판 2007. 7. 26. 2007도2625.

로는 일응 구별되기는 하지만, 그 주관적인 목적과는 관계없이 실제의 행동방식과 효과에 있어서는 다른 후보자의 당선을 위하여 하는 선거운동과 다를 것이 없다"고 판시하고 있다.[9] 또한 대법원은 "일상적·의례적·사교적인 행위는 여기에서 제외되고, 일상적·의례적·사교적인 행위인지 여부는 그 행위자와 상대방의 사회적 지위, 그들 사이의 관계, 행위의 동기, 방법, 내용과 태양 등 제반 사정을 종합하여 사회통념에 비추어 판단하여야 한다.[10] 따라서 초청장 발송, 벽보 부착, 아름방송 자막광고, 문자메시지 발송 등의 행위를 하였고, 나아가 이러한 행위들은 출판기념회 개최를 빙자하여 피고인의 인지도를 높여 선거에서 득표하거나 당선되기 위한 능동적·계획적 행위로서 사전선거운동에 해당한다"[11]고 판시하고 있다.

(2) 헌법재판소

헌법재판소는 "선거운동이라 함은 특정 후보자의 당선 내지 이를 위한 득표에 필요한 모든 행위 또는 특정 후보자의 낙선에 필요한 모든 행위 중 당선 또는 낙선을 위한 것이라는 목적의사가 객관적으로 인정될 수 있는 능동적, 계획적 행위를 말하는 것으로 풀이할 수 있다. 즉, 단순한 의견개진 등과 구별되는 가벌적 행위로서의 선거운동의 표지로 당선 내지 득표(반대후보자의 낙선)에의 목적성, 그 목적성의 객관적 인식가능성, 능동성 및 계획성이 요구된다 할 것이다. 선거운동을 위와 같이 풀이한다면 법집행자의 자의를 허용할 소지를 제거할 수 있고, 건전한 상식과 통상적인 법감정을 가진 사람이면 누구나 그러한 표지를 갖춘 선거운동과 단순한 의견개진을 구분할 수 있을 것이므로 헌법 제12조 제1항이 요구하는 죄형법정주의의 명확성의 원칙에 위배된다고 할 수 없다"라고 판시하고 있다.[12]

9 대판 2004. 4. 27. 2002도315.
10 대판 2007. 8. 23. 2007도3940.
11 대판 2007. 8. 23. 2007도3940.
12 헌재 2001. 8. 30. 2000헌마121·202(병합).

3. 공직선거법상 '선거운동' 개념의 헌법적 문제점

(1) 구성요건과 명확성 원칙

공직선거법상 선거운동의 개념으로 '당선 또는 낙선하게 하기 위한 행위'로 넓게 규정하여 구성요건의 범위를 넓혀 놓았기 때문에, 선거운동상 규제가 강화될 수 있는 여지를 남겨놓았다. 그런데, 선거운동과 관련한 처벌규정은 헌법상 요청인 죄형법정주의상 엄격하게 규정하여야 한다. 특히 죄형법정주의의 파생원칙인 명확성의 원칙에 위배되지 않아야 한다. 죄형법정주의로부터 도출되는 명확성의 원칙은 그 구성요건과 법적 결과를 법률로 명확하게 규정하여야 한다는 원칙으로서 법률에 범죄와 형벌을 가능한 한 명확하게 규정하여야 법관의 자의를 방지할 수 있고, 국민들에게 어떠한 행위가 금지되어 있고 그 행위에 대하여 어떠한 형벌이 과하여질지를 예측할 수 있도록 하려는 것이다. 따라서 형사처벌의 대상이 되는 범죄의 구성요건은 형식적 의미의 법률로 명확하게 규정되어야 하며, 만약 범죄의 구성요건에 관한 규정이 지나치게 추상적이거나 모호하여 그 내용과 적용범위가 과도하게 광범위하고 포괄적이어서 불명확한 경우에는 국가형벌권의 자의적인 행사가 가능하게 되어 개인의 자유와 권리를 보장할 수 없으므로 죄형법정주의 원칙에 위배된다.[13]

(2) 평 가

헌법재판소도 공직선거법 제58조 제1항의 "'당선되거나 되게 하거나 되지 못하게 하기 위한 행위'라는 말과 '단순한 의견개진'이라는 말은 애매하고 불명확한 요소가 있고, 광범위한 해석의 여지가 없지 아니하다"고 판시하고 있다.[14] 이 조항은 헌법상 '명확성의 원칙'을 위배한다. 또한 공직선거법 제58조 제1항에서 '선거운동'의 개념과 '선거에 관한 단순한 의견의 개진이나 의사의 표시' 내지 '정당의 후보자 추천에 관한 단순한 지지·반대의 의견개진 및 의사표시'간의 구별이 쉽지 않고, 중앙선거관리위원회나 검찰 등의 집행기관에 양자간 구별에 대한 해석권한을 포괄적으로 위임하고 있어 이들 기관의 판단에

---

13 헌재 1997. 9. 25. 96헌가16; 헌재 2005. 3. 31. 2004헌바29.

14 헌재 2001. 8. 30. 2000헌마121·202(병합).

따라 시민단체의 낙선운동이나 당선운동이 유·무죄로 판단될 여지가 크므로 선거법 제58조는 헌법상 '포괄위임금지원칙'에 위배되는 위헌의 가능성이 있는 법규정이라고 판단된다.[15]

Ⅲ. 공직선거법 제58조 제1항의 문제점

공직선거법 제58조 제1항 제3호의 '정당의 후보자 추천에 관한 단순한 지지·반대의 의견개진 및 의사표시'는 넓게 보면 제1호의 '선거에 관한 단순한 의견개진 및 의사표시'에 포함되는 개념으로 볼 수 있다. 그러나 정당의 후보자 추천 즉 공천에 관한 단순한 지지·반대의 의견개진 및 의사표시는 자칫 선거운동으로 오해될 소지가 있으므로 본 규정을 별도로 마련하여 선거운동에 해당하지 아니함을 명백하게 하고자 함이 본조의 규정취지이다. 이는 2000년 2월 16일 법개정시에 신설된 규정으로 시민단체 등의 낙천에 관한 의견개진 및 의사표시를 자유롭게 허용함으로써 유권자들에 대한 후보자들의 정보공개 및 검증절차의 마련을 위하여 신설된 것이다. 그러므로 2000년 2월 16일 부칙 제6조에서는 '개정법의 시행전의 행위 중 선거법 제58조 제1항 제3호의 개정규정에 해당하는 행위에 대하여는 개정법을 적용한다'고 규정하여 시민단체 등의 낙천명단발표행위를 공천과 관련한 단순한 의사표시 또는 의견개진으로 해석하고자 하였다.[16] 따라서 각 시민단체의 '낙천운동'에 대해서는 공직선거법 제58조의 선거운동 개념에 포함되지 않아 적법한 것으로 해석되고, '낙선운동'에 대해서는 선거법 제58조의 선거운동 개념에 해당되어 위법한 선거운동으로 해석된다.[17]

시민단체의 낙선운동은 공익을 위한 '유권자운동'이기 때문에 후보당선을

---

15 이금옥, "선거법상 낙천·낙선운동의 위법성 문제", 234-235면; 이승우, "시민단체의 낙천낙선운동과 헌법상의 문제점", 266면; 강경근, "선거법 개정과 헌법재판소 결정 법리의 검토", 「저스티스」, 제33권 제1호, 2000, 19면.

16 정병욱, 선거법, 박영사, 2002, 84-85면; 황정근, 선거부정방지법, 법영사, 2001, 124면 참조.

17 이금옥, "선거법상 낙천·낙선운동의 위법성 문제", 「공법연구」 제29집 제4호, 2001. 6, 234면.

위한 '선거운동'과는 그 목적상의 차이를 인정함이 전제되어야 하는 바, 선거법상의 선거운동을 '유권자운동'과 '당선운동'으로 구분하여 선거운동방법의 제한은 당선운동에만 적용하고 유권자운동에는 적용하지 않는 것이 타당하므로, 적어도 공익목적을 추구하는 시민단체의 활동은 선거운동이 아니라 '유권자운동'이라고 하여 선거운동과 구분되는 '유권자운동'의 개념을 삽입하든지, 선거법 제58조 제1항을 삭제하고 제2항을 선거운동에 관한 원칙규정으로 하는 대폭적인 법개정이 요구된다는 견해가 있다.[18] 입법론적으로, '정당의 공직후보자 추천에 관한 단순한 지지·반대의 의견개진 및 의사표시'뿐만 아니라, '공직후보자에 관한 지지·반대의 의견개진 및 의사표시'까지도 선거운동에 해당하지 않는 것으로 개정함이 타당하다.

또한 공직선거법 제58조 제1항 제4호에 의하면, '통상적인 정당활동'은 선거운동으로 보지 않는다. 그리고 노동조합 및 노동관계조정법 제2조 제4호 마.에 의하여 '주로 정치운동을 목적으로 하는 경우'는 노동조합으로 보지 아니하기에 노동조합은 정치운동을 할 수 없고, 무소속후보자의 경우도 통상적인 정치활동을 정당을 통해 할 수 없다는 모순이 생긴다. 따라서 정당인과 노조 및 무소속후보자간의 법적 차별이 발생한다. 따라서 현재 노동조합 및 노동관계조정법상 주로 정치운동을 목적으로 하는 경우는 노동조합으로 볼 수 없도록 하였으나, 노조의 선거운동 금지 규정은 없다. 또한 공직선거법상 '선거운동을 하거나 할 것을 표방한 노동조합'[19]을 상정하고 있기에 노동조합도 선거운동을 할 수 있다. 하지만 선거운동 기간이 아닌, 평상시에 노동조합이 정당활동에 개입하거나 관여하는 것은 '정치운동'에 해당할 수 있으므로, 노동조합 및 노동관계조정법상 '노동조합'이 되는 것이 부정된다. 또한 시민단체의 단순한 지지나 반대의 의사개진이나 의사표시를 넘는 수준의 정치활동은 위법한 선거운동으로 처벌받게 된다. 입법론적으로는 공직선거법 규정을 명확히 하여 '노동조합'의 활동범위를 구체화하는 것이 바람직할 것이다.

---

18 강경근, "선거법 개정과 헌법재판소 결정 법리의 검토",「저스티스」, 제33권 제1호, 2000, 13면, 19-20면 참조.

19 공직선거법 제10조 제1항 제6호.

Ⅳ. 공직선거법상 선거운동 규정

우리나라 공직선거법은 선거운동의 자유를 일반적으로 인정하면서 개별적이고 구체적인 제한이나 금지를 하는 방식을 취하고 있다. 선거운동이란 당선되거나 당선되게 하거나 당선되지 못하게 하기 위한 행위이다. 다만, 선거에 관한 단순한 의견개진 및 의사표시, 입후보와 선거운동을 위한 준비행위, 정당의 후보자 추천에 관한 단순한 지지·반대의 의견개진 및 의사표시, 통상적인 정당활동은 선거운동으로 보지 않는다(공직선거법 제58조 1항).

1. 선거운동의 제한

선거운동의 기간적 제한으로서 선거운동은 후보자등록마감일의 다음날부터 선거일전일까지에 한하여 할 수 있다.

기간의 제한 없이 선거운동을 무한정 허용할 경우에는 후보자간의 지나친 경쟁으로 선거관리의 곤란으로 이어져 부정행위의 발생을 막기 어렵게 된다. 또한 후보자간의 무리한 경쟁의 장기화는 경비와 노력이 지나치게 들어 사회경제적으로 많은 손실을 가져올 뿐만 아니라 후보자간의 경제력 차이에 따른 불공평이 생기게 되고 아울러 막대한 선거비용을 마련할 수 없는 젊고 유능한 신참 후보자의 입후보의 기회를 빼앗는 결과를 가져올 수 있다. … 선거운동 기간의 제한은 그 입법목적, 제한의 내용, 우리나라에서의 선거의 태양, 현실적 필요성 등을 고려할 때 선거운동의 자유를 과도하게 제한하는 것으로 볼 수 없다.[20]

선거운동의 인적 제한은 다음과 같다. 대한민국 국민이 아닌 자, 미성년자(19세 미만의 자를 말한다), 선거권이 없는 자, 정당의 당원이 될 수 없는 공무원, 정부투자기관의 임직원, 농업협동조합 등 조합의 상근 임원, 정당의 당원이 될 수 없는 사립학교교원, 대통령령으로 정하는 언론인, 향토예비군 소대장급 이상의 간부, 통·리·반의 장 및 읍·면·동 주민자치센터에 설치된 주민

---

20 헌재 1994. 7. 29. 93헌가4등; 1995. 11. 30. 94헌마97; 헌재 2005. 2. 3. 2004헌마216.

자치위원회 위원, 특별법에 의하여 설립된 국민운동단체로서 국가 또는 지방자치단체의 출연 또는 보조를 받는 단체의 상근 임·직원 및 대표자 등은 선거운동을 할 수 없다. 선거운동의 방법적 제한으로서 사조직의 설치 및 이용, 호별방문, 서명운동, 음식물제공, 기부행위, 비방행위 등은 금지된다.

2. 선거운동의 기회균등

(1) 예비후보자등록제도를 신설하였다. 대통령선거(선거일 전 240일), 지역구국회의원선거 및 시·도지사선거(선거일 전 120일), 지역구지방의회의원선거 및 자치구·시·군의 장선거(선거기간개시일 전 90일)의 예비후보자로 등록한 자는 일정한 방법에 의한 선거운동을 할 수 있다(법 제60조의2).

(2) 법정지구당을 폐지하였다.

(3) 선거일전 90일부터 선거일까지 후보자는 출판기념회를 개최할 수 없다(법 제103조 5항).

(4) 선거일전 90일부터 선거일까지 직무상의 행위 기타 명목여하를 불문하고 인터넷에 의정활동보고서를 게재하는 외의 방법으로 의정활동을 보고할 수 없다(법 제111조 1항).

3. 선거공영제

'선거비용'이라 함은 당해 선거에서 선거운동을 위하여 소요되는 금전·물품 및 채무 기타 모든 재산상의 가치가 있는 것으로서 당해 후보자가 부담하는 비용을 말한다. 선거비용은 총액제한방식을 채택하고 있다.

Ⅴ. 선거운동의 주체

1. 무소속후보자

舊 공선법[21] 제58조 제1항은 선거운동 기간 전에라도 통상적인 정당활동은 합법적으로 할 수 있도록 규정하고 있었는데, 이같은 규정이 무소속 후보자에게는 일방적으로 불리할 수밖에 없다는 점에서 표현의 자유와 함께 평등권 침해문제가 야기되었다. 그러나 헌법재판소는 "무소속 후보자와 정당후보자간에 차별이 생기고, 후보자가 선거권자에게 자신을 알릴 수 있는 표현의 자유가 제한될 소지가 있다 하더라도, 그것을 불합리한 차별로서 평등권을 침해한다고는 볼 수 없고, 또한 위 규정은 무소속 후보자의 선거운동의 준비행위를 금지하거나 법정 선거운동을 제한하는 것이 아니고 무소속 후보자의 당선기회를 봉쇄하는 것도 아니므로 공무담임권을 침해한다고도 볼 수 없다"라는 이유로 합헌결정을 하였다.[22]

그러나 국회의원이 그 직무상 행하는 의정활동 보고라고 하더라도 국회의원 개인의 정치적 활동이나 업적에 대한 선전이 포함되는 등 국회의원인 예비후보자와 국회의원이 아닌 예비후보자, 정당원인 예비후보자와 정당원이 아닌 예비후보자 사이에 개별적인 정치활동이나 그 홍보의 기회라는 면에서 현실적인 불균형이 생겨날 가능성이 있는 것은 사실이라는 점에서 여전히 논란의 여지를 남겨 놓고 있다.[23] 바로 이같은 점에서 윤영철재판관과 하경철, 김효종, 김경일 재판관 등은 "의정활동 보고로서의 성격과 선거운동으로서의 성격을 아울러 갖는 정치활동이라고 봄이 상당하므로, 동규정은 일반의 예비후보자를 국회의원인 예비후보자에 비하여 합리적인 근거 없이 불리하게 차별대우하고 선거운동에 있어서의 기회균등을 박탈한 것으로서 위헌"이라며 반대의견을 개진한 바 있다.

---

21 1994. 3. 16. 법률 제4739호로 제정되고 2000. 2. 16. 법률 제6265호로 개정된 것.

22 헌재 2001. 10. 25. 2000헌마193; 헌재 2001. 8. 30. 2000헌마121 · 202(병합).

23 정태호, 헌법재판의 한계에 관한 고찰 : 입법형성의 여지를 규정하는 요인들에 대한 분석을 중심으로, 공법연구 제30집 제1호(2001. 12), 한국공법학회, 223-246.

2. 공단직원

舊 공선법 제60조 제1항 제9호는 국민건강보험공단의 직원에 대하여 정치적 활동을 제한하고 있어 헌법소원이 제기되었으나, 헌법재판소는 "선거운동이 전면적으로 금지되는 것이 아니라 정치적 활동 중에서 당선 또는 낙선을 위한 직접적인 활동(즉, 선거운동)만을 부분적으로 금지하고 있는 것이므로, 선거운동이외의 선거에 관한 의견개진, 입후보와 선거운동을 위한 준비행위, 공천과 관련된 활동, 통상적인 정당활동은 허용되고 있으므로 국민건강보험공단의 직원에 대하여 정치적 표현의 자유를 전면 제한한다고 볼 수 없어, 이는 정당한 차별"이라며 합헌결정을 하였다.[24]

그러나 권 성 재판관과 송인준, 주선회, 전효숙 재판관 등 4인은 "대통령선거, 국회의원선거, 지방자치단체장 및 지방의회의원 선거 등 선거의 규모와 종류를 불문하고 일체의 선거운동을 금지하는 것은 선거운동으로서의 표현의 자유라는 기본권의 본질적 내용을 침해하는 것으로 이는 사익에 대한 중대한 제한으로서 위헌"이라는 의견을 개진함으로써 표현의 자유와 선거운동의 제한이라는 두 권리의 충돌문제가 계속 논란을 야기하고 있다.

3. 대담·토론회 개최 언론사의 범위

2002년도에 인터넷신문인 '오마이뉴스'가 대선예비주자를 초청하여 대담 및 토론회를 개최하고자 하였으나, 선거관리위원회가 인터넷신문은 정기간행물이 아니라는 이유로 선거법위반결정을 하였다. 이에 대해 오마이뉴스가 헌법소원을 제기하였으나, 헌법재판소는 "선거법위반행위에 대한 중지촉구 공문은 그 형식에 있어서 '안내' 또는 '협조요청'이라는 표현을 사용하고 있으며, 그 내용에 있어서도 청구인이 계획하는 행위(대담 및 토론회)가 공선법에 위반된다는, 현재의 법적 상황에 대한 행정청의 의견을 단지 표명하면서, 청구인이 공선법에 위반되는 행위를 하는 경우 피청구인이 취할 수 있는 조치를 통고하고 있을 뿐이므로, '중지촉구' 공문은 국민에 대하여 직접적인 법률효과를

24 헌재 2004. 4. 29. 2002헌마467.

발생시키지 않는 단순한 권고적·비권력적 행위로서, 헌법소원의 심판대상이 될 수 있는 '공권력의 행사'에 해당하지 않으며, 헌법이 아니라 법률이 행정청에 의한 해석·적용의 타당성을 심사하는 규범이 된다면, 이 경우 법률의 해석·적용에 대한 판단은 법원의 관할에 속한다"며 기각결정을 하였다.[25] 또한 헌법재판소는 "청구인(오마이뉴스)은 이미 2002. 2. 20부터 2002. 3. 5까지 7차례 대선예비후보를 초청하여 열린 인터뷰를 개최하였으므로, 헌법소원심판청구를 통하여 달성하고자 하는 주관적 목적을 이미 달성하였고, 그 결과 청구인의 주관적 권리구제를 위해서는 본안에 관하여 심판의 이익이 없다"고 판시하였으나, 사회적으로는 동결정과 관련한 논란이 그치지 않고 있다.[26]

Ⅵ. 선거운동방법

문서·연설에 의한 선거운동, 녹음, 녹화테이프 등 청각 또는 시청각에 의한 선거운동, 방송연설매체에 의한 선거운동, '단순한 의견개진 및 의사표시' 또는 '단순한 지지·반대의 의견개진 및 의사표시'간의 차이, 인터넷 선거운동 등을 살펴본다.

1. 문서·연설에 의한 선거운동의 제한

舊 공선법[27]은 지역구국회의원후보자에게 허용하는 선거운동방법을 비례대표국회의원후보자에게는 허용하지 않는 등 일정한 선거운동방법을 비례대표국회의원후보자나 정당에게 허용하지 않는 것이 정치인의 표현의 자유와

---

25 헌재 2003. 2. 27. 2002헌마106.

26 박선영, 2003년도 언론관련판례로 살펴 본 '표현의 자유의 범위와 한계', 헌법학연구 제10권 제4호(2004. 12), 한국헌법학회, 265-304; 조소영, 인터넷 선거운동(E-Campaigning)에 대한 헌법적 고찰, 헌법학연구 제11권 제2호(2005. 6), 한국헌법학회, 417-456; 황치연, 헌법재판에서의 가처분, 헌법판례연구 4(2002. 11), 박영사, 319-382.

27 2004. 3. 12. 법률 제7189호로 개정되고, 2005. 8. 4. 법률 제7681호 공직선거법으로 개정되기 전의 것을 말한다. 그러나 법률 제7681호로 개정되면서 비례대표국회의원후보자를 추천한 정당도 그 선거운동을 위하여 책자형 선거공보를 작성할 수 있도록 됨으로써 위헌의 소지가 해소되었다.

평등권을 침해한다는 논란을 야기하였으나, 헌법재판소는 '선거운동의 방법 등은 기본적으로 입법정책에 맡겨져 있다'고 전제한 뒤, "구 공선법 제93조 제1항은 탈법방법에 의한 문서, 도화 등 시각에 호소하는 방법 이외에 녹음, 녹화테이프 등 청각 또는 시청각에 호소하는 방법에 의한 선거운동행위를 제한하고 있는데, 건국 이후 반세기 가까이 수많은 선거를 치러왔으면서도 아직까지도 깨끗하고 공명한 선거풍토를 이룩하지 못하고 있는 우리의 현실적 상황을 고려하여 볼 때, 이 조항이 선거운동의 자유를 침해하고 있다고 할 수 없다"며 합헌결정을 하였다.[28] 그러나 조대현 재판관은 "문서나 연설은 후보자를 가장 정확하게 알리고 가장 정확하게 파악할 수 있는 선거운동방법이며, 정치적 표현의 자유로서 보장되어야 함에도 불구하고 문서·연설에 의한 선거운동을 제한하는 위 규정들에 대해서는 그 입법목적의 정당성을 인정하기 어렵고, 구 공선법 제93조 제1항과 제101조는 법정 외 문서·연설에 의한 선거운동을 후보자와 그 선거운동원 뿐만 아니라 모든 국민들에 대하여도 일반적으로 금지하고 있는데, 선거는 국민주권의 행사방법이므로 국민들이 선거의 주체로서 스스로 선거 운동을 할 수 있는 자유는 국민주권과 선거권의 내용에 포함된다고 보아 적극적으로 보장하여야 하므로 동 조항은 정치적 표현의 자유를 부당하게 제한한다"며 반대의견을 개진한 바 있다.

2. 방송연설매체의 제한

공선법 제71조 등은 자치구·시·군의 장 선거에서 후보자의 방송연설을 종합유선방송만을 이용하여 실시하고 지역방송국은 이용할 수 없도록 규정하고 있다. 이처럼 방송연설매체를 제한한 공선법의 규정이 후보자의 선거운동의 자유 및 평등권과 선거권자인 주민들의 알권리 및 평등권을 침해하는지의 여부가 문제되었으나, 헌법재판소는 "방송연설은 인쇄매체 등에 비하여 국민일반에게 광범위하고 강력한 영향력을 가지며 방송시기나 방송매체 등에 따라 선거권자에게 미치는 영향에 차이가 있으므로 무엇보다도 후보자 모두에게 공평한 기회가 보장되는 것이 중요하나, 무선통신시설을 이용하는 방송은

28 헌재 2006. 7. 27. 2004헌마217.

기술적으로 유한한 전파를 통하여 이루어지므로 채널의 수가 한정되어 있는데 지역방송국을 이용할 후보자들의 숫자가 많은 지역구국회의원선거와 자치구·시·군의 장선거의 경우 선거운동기간인 17일 동안 후보자 모두에게 한정된 방송시간과 채널로 공평한 기회를 보장하는 것이 사실상 어렵다"고 전제한 뒤, "종합유선방송은 유선전기통신시설을 이용하여 수신자에게 송신하는 다채널방송으로서 채널이나 방송시간에 여유가 있어 후보자의 수가 많은 경우에도 선거운동기간에 별 차질없이 방송연설의 기회를 공평하게 제공할 수 있으며 행정구역을 중심으로 그 방송구역이 정해지고 지역정보와 공지사항 등을 송신하는 지역채널을 운용하므로 자치구·시·군의 장선거의 경우에는 종합유선방송을 이용하여 방송연설을 하더라도 선거운동을 하는데 지장이 있다고 할 수도 없으므로, 이는 선거의 공정을 기하기 위한 필요하고 합리적인 제한"이라며 합헌결정을 하였다.[29]

3. 행진 행위 등의 금지

舊 공선법 제105조 제1항[30]은 선거운동으로서 2인을 초과하여 거리를 행진하는 행위나 연달아 소리 지르는 행위를 금지하고 있었는데, 동규정이 선거운동을 지나치게 제한함으로써 유권자의 정치적 표현의 자유를 지나치게 제한한다는 논란을 야기하였으나, 헌법재판소는 "과거 우리나라 선거 역사를 얼룩지게 한 관권 등에 의한 불법·타락선거로부터 선거의 공정성을 지키기 위하여 제정된 경위에 비추어 볼 때 선거운동의 주체·방법·태양·기간을 어떻게 규율할 것인지는 선거전문가들의 집단이라고 할 수 있는 입법부의 재량에 맡겨야 하고, 그것이 명백히 재량권의 한계를 벗어난 자의적인 입법이 아닌 한 국회의 입법형성 자유를 존중하여야 한다"며 합헌결정을 하였다.[31]

---

29 헌재 1999. 6. 24. 98헌마153.

30 2004. 3. 12. 법률 제7189호로 개정되고, 2005. 8. 4. 법률 제7681호로 개정되기 전의 것.

31 헌재 2006. 7. 27. 2004헌마215.

4. 탈법 선거운동

공선법 제255조 제2항은 탈법행위에 의한 문서, 도화 등 시각에 호소하는 방법 이외에 녹음, 녹화테이프 등 청각 또는 시청각에 호소하는 방법에 의한 선거운동행위를 제한하면서 이에 위반한 자를 처벌하도록 규정하고 있는데, 동법 규정이 개인의 표현의 자유를 침해한다는 논란이 제기되었다. 그러나 헌법재판소는 "선거운동 또는 의사표현의 내용 그 자체나 모든 선거운동방법의 전반에 대한 전면적인 제한이 아니라 선거운동 내지 의사표현에 있어서의 특정한 수단과 방법, 즉 특히 폐해의 우려가 크다고 인정되는 인쇄물, 녹음 등의 배부, 살포 등 선거운동방법에만 국한되는 부분적인 제한에 불과하므로, 이로써 선거운동의 자유 내지 표현의 자유가 전혀 무의미해지거나 형해화된다고 단정할 수 없다"며 합헌결정을 하였다.[32]

그러나 명함과 같이 크기, 면수, 재질이 제한된 상태의 문서까지도 배포를 금지하고 위반시 처벌하는 것은 그 금지와 처벌의 대상이 너무 광범위하고, 선거기간 개시 전일까지 집회나 보고서를 통하여 의정활동을 선거구민에게 보고할 수 있는 현역 국회의원에 비해 입후보 예정자의 선거운동을 차별적으로 제한한다는 문제점은 여전히 남아 있다.

5. 시설물 등의 설치금지

공선법 제90조는 선거일 전 180일부터 선거에 영향을 미치게 하기 위하여 법정의 방법 이외의 방법으로 시설물을 설치하지 못하게 하는 등 선거운동을 금지하고 있는데,[33] 이러한 규정이 헌법이 보호하고 있는 표현의 자유 등을 과도하게 침해한다는 논란이 일었다. 이에 대해 헌법재판소는 "선거의 부당한 과열경쟁으로 인한 사회경제적 손실을 막고 후보자 간의 실질적인 기회균등을 보장함과 동시에 탈법적인 선거운동으로 인하여 선거의 공정과 평온이 침해되는 것을 방지하기 위한 목적 달성을 위하여 달리 효과적인 수단을 상정할

32 헌재 2002. 5. 30. 2001헌바58.

33 김래영, 개정 선거법의 문제점과 개선방향 : 사전선거운동금지규정을 중심으로, 공법연구 제33집 제5호(2005. 6), 한국공법학회, 139－180.

수가 없고, 확성장치나 서명날인의 금지 등 제한되는 자유의 범위도 예상되는 다양한 선거운동의 방법 중에서 특히 중대한 폐해를 초래할 우려가 크다고 인정되는 특정의 선거운동방법과 내용에 국한되는 것이어서, 이러한 제한은 폐해방지에 필요한 최소한의 정도를 넘지 아니하여 표현의 자유 등을 침해한다고 할 수 없다"[34]고 결정하였다.

6. 단순한 의견개진

공선법 제58조 제1항 단서 제1호 및 제3호는 선거운동으로 보지 아니하는 행위로 '단순한 의견개진 및 의사표시' 또는 '단순한 지지·반대의 의견개진 및 의사표시'를 규정하고 있으나, 이 같은 규정의 의미가 불명확하여 위헌 논란을 야기되었다. 헌법재판소는 "선거운동이라 함은 특정 후보자의 당선 내지 이를 위한 득표에 필요한 모든 행위 또는 특정 후보자의 낙선에 필요한 모든 행위 중 당선 또는 낙선을 위한 것이라는 목적의사가 객관적으로 인정될 수 있는 능동적·계획적 행위를 말하는 것으로 풀이할 수 있으므로, 법집행자의 자의를 허용할 소지를 제거할 수 있고, 건전한 상식과 통상적인 법감정을 가진 사람이라면 누구나 그러한 표지를 갖춘 선거운동과 단순한 의견개진을 구분할 수 있으므로 명확성의 원칙에 위배된다고 할 수 없다"며 합헌결정을 하였다.[35]

7. 언론기사의 재배포

언론을 통하여 보도된 공직선거에 관한 기사를 정치적 목적을 갖는 단체의 내부회원들에게 배부한 행위가 공선법 제93조 제1항이 금지하고 있는 '선거에 영향을 미칠 목적'에 해당하는가가 문제된 사안에서 대법원은 "대통령탄핵 지지자들의 인터넷 카페의 운영자가 인터넷 신문의 공직선거에 관한 기사를 복사하여 그 회원들에게 이메일로 발송한 행위는 '선거에 영향을 미칠 목

34 헌재 2001. 12. 20. 2000헌바96, 2001헌바57(병합).
35 헌재 2001. 8. 30. 2000헌마121·202(병합).

적'이 있다"고 판시하였다.[36]

8. 인터넷 선거운동

(1) 인터넷에의 문서게시

매체가 다양해지면서 舊 공선법 제93조 제1항이 금지하고 있는 '문서 게시'에 인터넷 홈페이지의 자유게시판 등에 올려놓은 행위도 이에 해당되는지 여부가 문제되었다. 대법원은 이에 대해 "前 정당 대표를 지지하는 인터넷 모임으로서 정치적 성향이 유사한 사람들을 회원으로 하는 인터넷 홈페이지에 특정 정당과 정치인을 비난하는 내용의 글들을 게재한 행위는 공선법이 금지하고 있는 문서게시에 해당한다"[37]라고 하였다.[38]

(2) 홈페이지

국회의원 입후보예정자의 홈페이지에 접속하여 위 후보자를 반대하는 내용의 문서를 게시한 행위도 공선법(제255조 제2항 제5호, 제93조 제1항)에 위배된다.

대법원은 "공직후보자 또는 공직후보자가 되고자 하는 자는 선거운동기간의 제한 없이 자신이 개설한 인터넷 홈페이지를 이용하여 선거운동을 할 수 있다고 하더라도, 공선법의 개정 경과 등에 비추어 보면, 자신의 인터넷 홈페이지를 이용한 자신의 선거운동 행위를 법률의 개정을 통하여 새롭게 허용하는 취지일 뿐, 후보자나 후보자가 되려는 자가 아닌 일반 국민이 후보자 등이 개설한 인터넷 홈페이지를 이용하여 선거에 영향을 미치는 행위를 허용하기 위한 규정이라고 볼 수는 없다"는 이유로 공선법위반을 인정하였다.[39]

---

36 대판 2005. 6. 23. 2004도8969; 2005. 5. 13. 선고 2004도3385; 2002. 4. 9. 2000도4469.

37 대판 2006. 3. 24. 2004도8716.

38 헌재 2001. 8. 30. 99헌바92, 2000헌바39, 2000헌마167, 168, 199, 205, 280. 대판 1997. 4. 25. 96도2910; 2004. 11. 25. 2004도4045; 2005. 1. 27. 2004도7488; 2005. 6. 23. 2004도8969; 2005. 7. 29. 2005도1425; 2005. 9. 15. 2005도40.

39 대판 2005. 1. 27. 2004도7488; 2005. 9. 15. 선고 2005도40; 2004. 11. 25. 2004도4045; 1980. 12. 9. 80도384; 1995. 6. 13. 94도3250. 헌재 2001. 8. 30. 99헌바92, 2000헌바39, 2000헌마167, 168, 199, 205, 280. 대판 2006. 3. 24. 2004도8716; 2007. 6. 1. 2005도7523.

Ⅶ. 선거운동과 표현의 자유

1. 의혹제기

선거기간 동안에 이루어지는 정치적 의견표명과정에서 상대 입후보자에 대한 의혹제기가 빈번하게 일어나면서 명예훼손 문제가 빈발하고 있다. 민주주의 정치제도하에서 언론의 자유는 가장 기초적인 기본권이기 때문에 선거과정에서도 충분히 보장되어야 하고, 공직선거에 있어서 후보자를 검증하는 것은 필요하고도 중요한 일이므로 후보자의 공직 적격성을 의심케 하는 사정이 있는 경우 이에 대한 문제 제기가 쉽게 봉쇄되어서는 안 되지만, 그 의혹제기가 허위인 경우 심각한 문제가 발생한다.

대법원은 후보자에 관한 의혹 제기가 진실인 것으로 믿을 만한 상당한 이유가 있는 근거에 기초하여 이루어진 경우에는 비록 사후에 그 의혹이 진실이 아닌 것으로 밝혀지더라도 표현의 자유 보장을 위하여 이를 벌할 수 없다는 입장이다. 다시 말해 '다른 선거운동의 경우와 마찬가지로, 공직선거 후보자 합동토론회에 임하는 후보자는 자신에 관한 것이거나 다른 후보자에 관한 것이거나를 막론하고 모두 진실에 부합하는 주장만을 제시하고, 자신의 의견을 밝히고 다른 후보자에게 질의하거나 다른 후보자의 질의에 답변함에 있어 분명하고도 정확한 표현을 사용함으로써, 선거인이 각 후보자의 자질과 식견 및 견해를 명확하게 파악할 수 있도록 해야 하는 것이 원칙이지만, 미리 준비한 자료에 의하여 일방적으로 자신의 의견을 표현하는 연설의 경우와는 달리 후보자 사이에서 주장과 반론, 질의와 대답에 의한 공방이 즉흥적·계속적으로 이루어지는 합동토론회의 특성으로 인하여 위와 같은 표현의 명확성에는 그 한계가 있을 수밖에 없으므로, 후보자가 선거인의 정확한 판단을 그르치게 할 수 있을 정도로 다른 후보자의 견해나 발언을 의도적으로 왜곡한 것이 아니라, 합리적으로 보아 가능한 범위 내에서 다른 후보자의 견해나 발언의 의미를 해석하고 이에 대하여 비판하거나 질의하는 행위는 후보자의 주장이나 질의에 대하여 다른 후보자가 즉시 반론이나 답변을 통하여 자신의 입장을 밝힐 기회가 주어지는 합동토론회의 특성을 고려해 볼 때, 진실에 반하는 사실을 공표한다는 인식을 가지고 행하는 허위사실 적시행위로 평가할 수 없다고 보아야 하고, 이는 후보자가 자신의 주장을 내세우거나 상대방에게 질의하는 과정에서 한 표현이 선거인의 정확한 판단을 그르칠 정도로 의도적으로 사실을 왜곡한 것이 아닌 이상, 일부 부정확 또는 다소 과장되었거나 다의적으로 해석될 여지가 있는 경우에도 마찬가지'라는 것이다.[40]

2. 허위사실의 공표

공선법 제250조 제1항은 비정규학력의 게재 자체를 금지하고 있는데, 대법원은 예비후보자 또는 후보자 명함 및 선거공보상 '○○대학교 산업대학원 총동창회장' 또는 '전 ○○대학교 산업대학원 1기 회장'이라는 표시를 '학력'이 아닌 '경력' 또는 '약력'란에 기재하였다 하더라도 그 기재에는 학력의 개념도 내포되어 있으므로, 선거공보의 '학력'란에 '○○중학교 졸업'이라고 제대로 기재되었는지 여부에 관계없이 이같은 비정규학력의 기재는 공선법이 규정하고 있는 제250조 제1항 상의 허위사실공표죄에 해당한다고 판시한 바 있다.[41]

Ⅷ. 공정한 선거운동을 위한 전제조건

1. 정당의 당내민주주의 정착

정당은 국민의 정치적 의사형성에 있어서 그 결정구조가 대의제 민주주의에서 요구하는 헌법적 요청을 준수하여야 한다. 즉, 민주적 조직을 지니고 민주적으로 활동하여야 하는 헌법적 요청을 충족해야 한다.[42]

정당의 당내민주주의가 확보되기 위해서는 첫째, 조직구성의 민주화가 이루어져야 한다. 당의 조직 및 구성은 정당법이 규율하며, 정당법은 이를 당

---

40 대판 2007. 7. 13. 2007도2879.

41 대판 2007. 2. 23. 2006도8098; 2003. 2. 20. 2001도6138.

42 허영, 정당국가적 대의민주주의와 선거, 공법연구 제28집 제2호, 42면.

헌에 위임하고 있다. 정당의 내부규범인 당헌 및 강령의 민주성은 당내민주주의 실현의 초석이다.[43] 즉, 정당의 의사를 "밑으로부터 위로" 전달하기 위한 당의의 상향조직을 갖추어야 한다. 이러한 조직은 소극적으로 정당의 중요 의사결정과정이 1인 또는 소수에 의해 결정되고 조정되는 것이 방지되어야 하며, 적극적으로 정당이 국민의 올바른 의사를 형성하고 중개하는 매개체로서 기능하기 위해 형성되어야 한다. 정당내부의 민주적 구성을 전제로 당원의 의사가 상향식으로 형성될 수 있는 구조와 당원의 의사를 수렴할 수 있는 조직 및 절차를 통해 정당의사가 결정되어야 한다.[44] 이를 위해 현행 정당법은 당원의 총의를 반영할 수 있는 대의기관, 집행기관 및 의원총회를 지녀야 한다고 규정하고 있다.[45] 둘째, 정당의사결정과정에 있어서 다수결의 원칙, 평등의 원칙, 소수의견의 존중 등이 적용되어야 한다. 셋째, 정당의 공직후보자 추천의 민주화와 공천과정의 투명화가 이루어져야 한다. 즉, 정당의 공직선거후보자의 추천(공천)에 있어서 당지도층의 하향식 지명이 배제되고, 당원 및 유권자의 의사 및 영향력이 반영될 수 있는 민주적 절차[46]에 의한 지명이 행해져야 한다. 또한 공천과정이 밀실에서 이루어져서는 안된다. 이를 위한 전제로서 정당의 지도부와 기관의 구성은 당원의 의사에 의해 결정되어야 하며, 정기적인 선거를 통해 정당의 지도부에 대한 신임을 물을 수 있어야 한다. 문제가 되는 것은 정당 내부질서의 민주성 문제에 정당의 공직선거입후보자 추천(공천)의 문제가 함께 포함되는 것인가이다. 정당의 공천문제는 정당의 내부적 문제임과 더불어, 국민의 공직선거권의 한 구성부분이기에 국가적인 문제라고 할 수 있다. 또한 헌법 제8조 제2항의 정당의 조직과 활동이 민주적이어야 한다는 규정은 정당내부의 공직선거입후보자 추천과정에도 적용되는 것으로 해석될 수 있다. 이는 정당공천과정이 단지 정당의 자율적인 내부규율에 한정되지 않고, 국가의 선거법적 규율대상이 됨을 의미한다. 이 경우 정당의 공천과정

---

43 장영수, 한국 헌법의 장래와 정당민주화의 의미, 공법연구 제30집 제3호, 2002. 2, 11면.

44 전광석, 정당의 내부질서와 민주적인 공직선거 입후보자 추천, 헌법학연구 제6권 제1호, 2000. 5, 139면.

45 정당법 제29조 제1항 "정당은 민주적인 내부질서를 유지하기 위하여 당원의 총의를 반영할 수 있는 대의기관 및 집행기관과 소속 국회의원이 있는 경우에는 의원총회를 가져야 한다."

46 일반적으로 유권자인 국민이 정당내 경선과정에 참여하는 방식인 "국민경선참여"가 그 대표적이라 할 것이다.

에 있어서 헌법상 요구되는 선거에 관한 기본원칙들[47]이 원칙적으로 준수되어야 함을 요구한다.

그런데, 정당의 당내민주주의가 제대로 실현되지 않는 상황에서, 낙선운동은 또 다른 비민주적인 공천이 이루어지고 낙선운동의 실효성을 약화시킨다. 정당의 하향식 지명과 후보자들의 공천획득을 위한 비리로 인하여 민주주의가 상실될 가능성이 높다. 따라서 낙선운동은 정당공천이 민주적 절차에 따라 이루어지는 것을 그 전제조건으로 하여, 즉, 정당내의 민주성이 확보된 경우에 한하여 그 실효성이 인정될 수 있다.

2. 국민의 알 권리의 우선적 보장

현대국가에서 정보의 제공과 보호라는 모순은 일반적인 국가에서 정보의 보호라는 면을 우선시하는 관행 때문에 공개되어야 할 많은 정보가 비공개되었다. 그러나 이념적 관점에서 본다면 국가의 운명에 관련되는 정보를 국민에게 공개하지 않는 것은 결국 국민주권 및 민주주의의 부정 또는 공동화로 연결되기 마련이다. 국민의 '알 권리'를 위한 행정정보공개는 국정에 시민참여를 위해 바람직한 것이며, 이러한 시민참여는 헌법의 민주주의원리 및 법치주의원리에서 그 정당성의 토대를 찾을 수 있다.[48] 오늘날과 같은 정보화사회에 있어서 정부나 공공기관의 정보에 국민이 용이하게 접근할 수 있도록 하는 정보에의 법적 권리보장은 국민의 국정참여와 정치의사 형성을 위해서 중요한 의미를 지니며 필수적인 것이다.[49] 따라서 낙선운동이 성공적으로 정착하기 위해서는 중앙선관위에게 시민이나 시민단체가 공직후보자에 대한 정보공개를 청구할 수 있고 그러한 정보의 공개가 가능토록 하는 법적 조치가 필요하다.

낙선운동은 전통적인 언론매체인 신문이나 방송이 전하는 언론보도에 대

47 이는 정당의 공천과정에도 헌법 제41조 제1항과 제67조 제1항의 선거상 기본원칙인 보통·평등·직접·비밀선거가 적용되어야 함을 의미한다. 물론 이러한 선거원칙은 정당의 특성상 완화되거나 예외를 허용할 수도 있을 것이다.

48 곽상진, "시민운동과 행정절차에 있어 제3자의 권리", 「법학연구」 제4집, 경상대 법학연구소, 1993. 8, 34면.

49 김철수, "정보화사회에 있어서의 바람직한 정보공개", 「정보사회에 대비하는 정보자유법을 위한 학술발표회」, 한국언론학회, 1991. 9. 14, 58면.

한 불신에 기인한다. 따라서 제3의 정보원이나 다른 객관적인 정보원으로부터 얻어진 자료를 통하여 국민이 직접 판단하여 의사표현을 가능하게 하는 제도적 장치를 열어주어야 한다. 이러한 취지에서 시민단체의 정보제공은 잘못된 정보를 제공하는 기존 언론매체에 대한 수정기능 내지 보완기능으로서 충분히 활용될 수 있고 법적 정당성을 받을 수 있다.

사생활의 비밀과 자유는 그 내용이 다양하지만, 헌법상 이를 보장하는데 일정한 한계가 있다. 사생활의 비밀과 자유는 국가안전보장, 질서유지 또는 공공복리를 위하여 필요한 경우에는 법률로서 제한할 수 있다. 국민의 알 권리의 대상이 되는 중요한 공적 사항인 공직후보자의 정보를 보도하는 것은 공공의 이익에 부합되므로 사생활의 비밀보다 우월할 수 있다(공공의 이익(public interest)이론). 따라서 공직후보자의 프라이버시와 국민의 알 권리 중 국민의 알 권리가 더 우선되어야 한다.

제 6 장

선거 참여 확대를 위한 선거제도

CHAPTER 06

선거 참여 확대를 위한 선거제도

Ⅰ. 재외선거제도

1. 들어가는 말

2012년 4월 11일 19대 국회의원 선거와 2012년 12월 19일 18대 대통령 선거에서 재외국민에게도 선거권이 허용되어 재외선거가 실시되었다. 그 결과 재외국민선거의 결과가 후보자의 당락에 지대한 영향을 줄 수 있게 되었다.[1] 2012년 4월 기준으로 재외선거인 수는 223만 3천여 명에 이른다. 이 가운데 재외선거인으로 등록한 수는 123,571명이다. 이 중 19대 총선에서 재외선거에 실제 투표한 사람의 수는 56,456명이다. 중앙선거관리위원회에서 집계한 2012년 3월 28일부터 6일간 107개국 158개 재외투표소에서 실시된 재외선거에서 45.69%의 투표율을 보였다.[2] 중앙선거관리위원회는 선거인 12만3571명 중 5만6456명이 참여해 투표율 45.69%를 기록했다고 발표했지만 전체 재외유권자 223만명을 기준으로 할 경우 실질적인 투표율은 2.52%에 불과하다.

먼저 선거의 기능과 재외선거의 주체에 대해 살펴본다. 또한 제19대 국회의원선거에서 재외선거의 결과를 분석한다. 특히 19대 총선에서 투표율이 저조한 이유와 그에 대한 문제점을 살펴본다. 중요한 논의사항으로서 이러한 19

1 http://www.yonhapnews.co.kr/bulletin/2011/03/24/0200000000AKR20110324154100001. HTML? did=1r
2 중앙선거관리위원회 제19대 총선 재외투표 마감상황(2012. 4. 3.(화). 재외선거상황실)

대 총선의 결과를 유발한 공직선거법상 재외선거와 관련한 법적 문제점을 지적하고 이에 대해 평가해 본다. 마지막으로 재외선거에 재외선거인의 참여를 높이고 선거 참여의 편의성을 확대하는 방안을 모색하고자 한다.

2. 선거의 기능과 제19대 국회의원선거에서 재외선거의 결과

(1) 선거의 기능과 조건

선거는 국가조직체의 영역과 사적 영역간의 가장 중요한 연결고리라 할 수 있다. 선거란 투표행위뿐만 아니라, 선거준비행위부터 선거결과의 확인까지의 사회적 현상을 모두 포함하는 개념이다. 이러한 선거를 통해 현존하며 표출되어지는 국민의 정치적 의사를 관철할 수 있는 주체가 결정된다.[3]

선거를 통해 달성하고자 하는 중요한 작업은 통치권 행사에 필요한 민주적 정당성을 부여하는 것이다.[4] 선거제도에서 선거인의 의사를 얼마나 정확히 반영하느냐는 선거의 성패를 판가름하는 기준이다. 이를 위해서 법제도적으로 일정한 자격을 갖춘 선거권자에게 일반적으로 선거권을 보장해 주어야 하며, 선거권자의 의사가 정확하게 반영되도록 법제도를 갖추어야 한다. 예를 들면, 투표방법의 다원성·용이성, 투표집계의 공개성, 선거결과의 명확성, 선거절차의 안정성은 선거권자의 의사를 정확히 반영하는 수단이 된다. 국민을 위한 선거절차에서 선거의 참여조건, 후보자, 투표방법, 투표가치 등은 선거의 중요한 조건이 된다. 이러한 선거의 제반 조건은 국가가 담당하여 충족시킬 수밖에 없기 때문에, 국가는 국가권력의 권원이자 기초로서 민주적 정당성을 부여하는 선거절차에서 최대한으로 국민 의사가 반영되도록 그 조건을 마련해야 한다. 따라서 법적으로 선거권자인 국민에게 과도한 의무를 부담시켜 투표가 용이하지 않도록 하는 법제도는 불허된다.[5]

3 H. Meyer, Demokratische Wahl und Wahlsystem, in: J. Isensee/P. Kirchhof, HStR Ⅲ, 3. Aufl., 2005, §45 Rn. 1.

4 E.-W. Böckenförde, in: J. Isensee/P. Kirchhof, HStR Ⅰ, §22 Rn. 26 ff.

5 H. Krüger, Allgemeine Staatslehre, 1964, S. 250.

(2) 재외선거의 주체

재외국민은 우리 헌법에서 규정하고 있는 법적 주체이다. 헌법 제2조 제2항에서 "국가는 법률이 정하는 바에 의하여 재외국민을 보호할 의무를 진다"라고 규정하고 있다. 그런데 과거에는 이러한 재외국민의 개념과 범위를 구체화하는 법률 규정을 찾아 볼 수 없었다. 다만, 재외국민등록법 제1조의 '목적'에서 "이 법은 외국에 거주하거나 체류하는 대한민국 국민을 등록하도록 하여 재외국민의 현황을 파악함으로써 재외국민의 국내외 활동의 편익을 증진하고, 관련 행정 사무를 적절하게 처리하며, 그 밖에 재외국민 보호정책의 수립에 이바지함을 목적으로 한다"고 규정하고 있었다. 또한 동법 제2조의 '등록대상'에 관해서 "외국의 일정한 지역에 계속하여 90일 이상 거주하거나 체류할 의사를 가지고 그 지역에 체류하는 대한민국 국민은 이 법에 따라 등록하여야 한다"고 규정하고 있었다. 결국 재외국민의 정의는 법해석에 맡겨져 있었다. 헌법학에서는 '재외국민'이란 "외국에서 영주하거나 장기간 외국에서 체류하며 생활하는 대한민국 국민"을 의미한다.[6]

이후 법률적 차원에서 재외국민을 구체화하는 입법이 이루어졌다. 재외동포의 출입국과 법적 지위에 관한 법률 제2조에 의하면, 이 법에서 "재외동포"란 다음 각 호의 어느 하나에 해당하는 자를 말한다. 1. 대한민국의 국민으로서 외국의 영주권을 취득한 자 또는 영주할 목적으로 외국에 거주하고 있는 자(이하 "재외국민"이라 한다) 2. 대한민국의 국적을 보유하였던 자(대한민국정부 수립 전에 국외로 이주한 동포를 포함한다) 또는 그 직계비속으로서 외국국적을 취득한 자 중 대통령령으로 정하는 자(이하 "외국국적동포"라 한다) 결국, 재외동포의 출입국과 법적 지위에 관한 법률에 의하면, "재외동포"란 재외국민과 외국국적동포를 포함하는 개념이다. 따라서 "재외국민"이란 재외동포 중에서 외국국적동포를 제외한 외국에 영주하거나 장기간 체류하는 대한민국 국민을 의미한다.

현행 공직선거법(시행 2014. 11. 19)에서는 과거에 사용하던 부재자투표라는

---

6 허영, 한국헌법론, 박영사, 2011, 191면.

개념 대신에 '재외선거'라는 개념을 사용하고 있다. 구 공선법에서는 재외국민등록을 한 재외국민들이 부재자신고를 하면, 선거인명부에 등재될 수 있었다. 이를 위해 부재자 신고기간을 2개월로 설정하고 있었다. 그러나 현행 공직선거법은 단기체류자와 영주권자를 각각 '국외부재자'와 '재외선거인'으로 구분하였다. '국외부재자'에 해당하는 자는 선거일전에 미리 국외부재자신고를 하여야 하고, '재외선거인'은 재외 공관에서 재외선거인 등록신청을 하여야 한다.

(3) 재외선거의 결과 분석

제19대 국회의원선거 결과에 관하여, 중앙선거관리위원회는 선거인 12만3,571명 중 5만6456명이 참여해 투표율 45.7%를 기록했다고 발표했지만, 전체 재외유권자 223만 명을 기준으로 할 경우 실질적인 투표율은 2.52%에 불과하다. 결국 재외국민 97.5%가 재외선거에 무관심하다는 결론이 나온다. 재외선거인 등록률이 5.57%였기 때문에 이미 예상가능한 투표율일 수 있다. 재외국민선거의 국가별 투표율을 비교해 보면, 미국 1.19%, 일본 2.12%, 중국 2.67%에 불과하다. 반면 2008년 이탈리아 총선 재외국민선거 투표율은 41.78%, 2007년 프랑스 대선은 24.7%, 2010년 일본 참의원 선거는 3.25% 수준이었다. 이렇게 낮은 투표율의 원인으로는 ① 공관 방문 등록 신청시 불편함, ② 원거리 거주자의 공관투표의 어려움, ③ 선거 홍보 부족, ④ 정치적 무관심 등을 들 수 있다.

중앙선거관리위원회는 2010년 재외국민선거 홍보비용으로 88억원을 지출하였고 이번 19대 총선에도 예산 213억원을 지출하였다. 재외선거인 1인당 52만원(2010년 국내 지방선거는 1인당 1만 2,000원)이 사용된 셈이다. 이러한 막대한 비용을 들여 실시된 재외선거가 유권자의 참여 부진으로 실효성 문제가 제기되고 있다. 낮은 투표율은 재외국민선거제도 도입의 의미를 반감시키는 결과를 가져오게 된다.

재외국민선거는 2007년 6월 헌법재판소가 "국내 거소(居所) 요건에 의한 선거권 제한은 헌법불합치"라는 결정을 내린 이후 본격적으로 논의됐다. 그러나 정치권은 2008년 12월, 관련법을 국회 본회의에서 통과시키는 시점에도 투표권 부여 범위, 대상 선거, 투표 방식에 대해 결론을 내리지 못했다. 결과적으로 관련 법안은 졸속으로 처리되었고 아직까지 영주권자의 참여, 지역구 선거 투표권 부여, 우편투표 도입 문제는 논란이 되고 있다.

2011년에는 선거제도 개선과 법 개정을 위한 최적기였다. 헌법재판소 결정 이후 2년간 준비하면서 제도적 문제점이 드러났고, 총선을 1년 앞둔 시점이라 국민적 관심이 높았기 때문이다. 그럼에도 불구하고 정치권은 4·27 재보선, 8·24 무상 급식투표, 10·26 재보선에 온 힘을 쏟아 정치적 대결에만 몰두하고 재외선거의 법제도적 개선에는 관심을 갖지 않았다.

2012년 12월 대통령 재외선거에도 306억원의 예산이 편성되었었다. 혈세를 낭비하지 않기 위한 가장 시급한 과제는 재외국민의 입장에서 '쉬운 참여' 방법을 제공해 주는 것이다. 지금처럼 등록과 투표를 위해 두 번 공관을 방문해야 하는 것은 생업에 바쁜 재외국민에게 '어려운 참여'를 강요하는 것이다. 쉬운 참여를 위한 대안은 충분히 현존해 있다. 상당수 국가는 우편투표와 공관투표를 병행하고 있고, 미국·독일·오스트리아·영국·호주는 우편투표는 허용하지만 공관투표는 허용하지 않는다.

(4) 지역별 재외선거 투표율

국가별 재외선거 투표율을 살펴보면, 크로아티아는 등록유권자 24명 중 28명이 투표하여 116.67%, 벨라루스는 등록유권자 53명 중 51명이 투표하여 96.23%, 볼리비아는 등록유권자 56명 중 51명이 투표하여 91.07%, 타지키스탄은 등록유권자 67명 중 60명이 투표하여 89.55%, 자메이카는 등록유권자 45명 중 40명이 투표하여 88.89%, 동티모르는 등록유권자 60명 중 53명이 투표하여 88.33%, 브루나이는 등록유권자 56명 중 49명이 투표하여 87.50%, 브라질이 등록유권자 46명 중 39명이 투표하여 84.78%, 우루과이는 등록유권자 72명 중 60명이 투표하여 83.33%, 아르헨티나는 등록유권자 1,338명 중 1097명이 투표하여 81.99%, 파라과이는 등록유권자 741명 중 600명이 투표하여 80.97%, 덴마크는 등록유권자 105명 중 85명이 투표하여 80.95%, 파나마는 등록유권자 116명 중 92명이 투표하여 79.31%, 엘살바도르는 등록유권자 115명 중 91명이 투표하여 79.13%, 몽골이 등록유권자 368명 중 280명이 투표하여 76.09%, 콜롬비아는 등록유권자 221명 중 168명이 투표하여 76.02%, 헝가리는 등록유권자 166명 중 126명이 투표하여 75.90%, 코스타리카는 등록유권자 111명 중 84명이 투표하여 75.68%, 파푸아뉴기니는 등록유권자 86명 중 63명이 투표하여 73.26%, 네팔은 등록유권자 221명 중 161명이 투표하여 72.85%이다.

표 6-1 2012년 총선에서 대륙별 재외투표 마감상황

대륙별	재외공관수	선거인수	투표자수	투표율(%)
아주	45	68,712	28,218	41.07
미주	37	34,749	17,053	49.07
구주	45	13,397	7,642	57.04
중동	16	4,533	2,305	50.85
아프리카	15	2,180	1,238	56.79
총계	158	123,571	56,456	45.69

표 6-2 2012년 총선에서 국가별 재외선거 투표율 비교

자격별 / 지역별	재외 국민수	예상 선거인수	등록 유권자수	투표자수	투표율(%)	
					등록 유권자대비	예상 선거인대비
미국	1,082,708	866,166	22,969	10,293	44.81	1.19
캐나다	128,826	103,061	4,421	1,931	43.68	1.87
중남미	78,962	63,170	7,359	4,829	65.62	7.64
일본	578,135	462,508	18,628	9,793	52.57	2.12
중국	369,026	295,221	23,952	7,876	32.88	2.67
기타 아주지역	414,537	331,630	26,132	10,549	40.37	3.18
구주	116,784	93,427	13,397	7,642	57.04	8.18
중동	16,163	12,930	4,533	2,305	50.85	17.83
아프리카	10,883	8,706	2,180	1,238	56.79	14.22
총계	2,796,024	2,236,819	123,571	56,456	45.69	2.52

이러한 결과에서 알 수 있는 바는 영토가 광대하여 우리의 재외국민들이 각지의 다양한 거주지에 살고 있는 경우 그 해당 국가는 상대적으로 투표율이 낮으며, 역으로 영토가 그리 크지 않은 국가나 지역에서는 투표율이 상대적으로 높다는 것을 알 수 있다. 이는 투표방법의 다양화를 통해 투표율 제고가 가능하다는 반증이 된다.

(5) 국가별 재외선거의 투표방법

재외선거를 실시하는 국가들은 다양한 투표방법을 선택하고 있다. 투표방법을 유형별로 구분하면 5가지로 나눌 수 있다. 즉, 외교공관이나 기타 지정된 장소에서 실시하는 직접투표, 우편투표, 대리투표, 전자투표, 팩스투표이다. 아래 <표 6-3>에서와 같이, 83개국은 직접투표나 우편투표 및 대리투표 등 하나의 방법으로 재외선거를 한다. 그 중 54개국은 외교공관이나 기타 지정된 장소에서 실시하는 직접투표를 실시하고 있다. 또한 25개국은 우편투표만을 활용하고 있고, 4개국은 대리투표만을 실시한다. 반면 여러 방법을 혼합하여 투표를 실시하는 국가들도 많다. 직접투표와 우편투표를 혼합하여 실시하는 국가로는 일본을 포함하여 12개국이나 된다. 직접투표와 대리투표를 혼합하여 실시하는 국가로는 프랑스를 포함하여 7개국이다. 우편투표와 대리투표를 혼합하여 실시하는 국가로는 영국과 인도가 있다. 직접투표와 우편투표뿐만 아니라 팩스를 이용한 투표를 활용하는 국가로는 호주와 뉴질랜드가 있다.

현재 우리나라에서 재외선거와 관련하여 실시되고 있는 직접투표의 방법으로는 투표율을 향상시킬 수 없으며, 따라서 다른 여러 국가에서 사용하는 우편투표, 전자투표, 팩스투표 등을 혼합적 또는 병렬적으로 허용하여야만 공관으로부터 거리적 간격이 있는 곳에 거주하는 재외선거권자가 실제로 투표가 가능하게 되어 재외선거의 투표율이 향상될 수 있다.

표 6-3 재외선거 투표방법[7]

<table>
<tr><th colspan="2">방법</th><th>국가 수</th><th>국가명</th></tr>
<tr><td colspan="2">직접투표(단일)</td><td>54</td><td>아프가니스탄, 앙골라, 아르헨티나, 아제르바이잔, 벨로루시, 보츠와나, 브라질, 불가리아, 중앙아프리카공화국, 콜롬비아, 코트디브아르, 카페베르데, 크로아티아, 체코공화국, 지부티, 도미니카공화국, 에쿠아도르, 적도기니, 핀란드, 그루지아, 가나, 기니비사우, 가이아나, 온두라스, 헝가리, 아이슬란드, 이란, 이라크, 이스라엘, 카자흐스탄, 키르기스탄, 라오스, 몰도바, 모잠비크, 나미비아, 니제르, 페루, 핏케언섬, 폴란드, 루마니아, 러시아, 르완다, 상투메프린시페, 세네갈, 싱가포르, 남아프리카, 수단, 시리아, 튀니지, 터키, 우크라이나, 우즈베키스탄, 베네수엘라, 예멘</td></tr>
<tr><td colspan="2">우편투표(단일)</td><td>25</td><td>오스트리아, 방글라데시, 보스니아헤르체코비나, 캐나다, 덴마크, 포클랜드제도, 피지, 독일, 지브롤터, 건지, 아일랜드, 이탈리아, 저지, 레소토, 리히텐슈타인, 룩셈부르크, 말레이시아, 맨섬, 마샬군도, 멕시코, 노르웨이, 파나마, 스위스, 타지기스탄, 짐바브웨</td></tr>
<tr><td colspan="2">대리투표(단일)</td><td>4</td><td>모리셔스, 나우르, 토고, 바누아투</td></tr>
<tr><td rowspan="5">혼합방법</td><td>직접·우편</td><td>12</td><td>쿡아일랜드, 인도네시아, 일본, 라트비아, 리투아니아, 미크로네시아, 팔라우, 필리핀, 포르투갈, 슬로베니아, 스페인, 타이</td></tr>
<tr><td>직접·대리</td><td>7</td><td>알제리, 베냉, 차드, 프랑스, 가봉, 기니, 말리</td></tr>
<tr><td>우편·대리</td><td>2</td><td>영국, 인도</td></tr>
<tr><td>직접·우편·대리</td><td>2</td><td>벨기에, 스웨덴</td></tr>
<tr><td>기타</td><td>4</td><td>호주(직접·우편·팩스), 에스토니아(직접·우편·전자), 네덜란드(우편·대리·전자), 뉴질랜드(직접·우편·팩스)</td></tr>
<tr><td colspan="2">불분명</td><td>4</td><td>볼리비아, 그리스, 니카라과, 오만</td></tr>
<tr><td colspan="2">총계</td><td>114</td><td></td></tr>
</table>

7 Institute for Democracy and Electoral Assistance 2007, The International IDEA Handbook: Voting

3. 공직선거법상 재외선거의 문제점

(1) 재외선거인에게 지역구국회의원 선거권 미부여

헌법재판소 결정(헌재 2007. 6. 28. 2004헌마644, 2005헌마360 병합)에서는 국회의원선거에 재외선거를 도입하도록 의무화하고 있다. 그러나 개정 공선법 제218조의5에서는 대통령선거와 임기만료에 따른 비례대표국회의원선거에만 재외선거인의 선거권을 부여하고 있다. 이러한 개정 공선법 규정이 주민등록(또는 국내거소)이 되어 있지 않다는 이유로 재외선거인에게 지역구국회의원 선거권을 부여하고 있지 않는 것은 선거권을 차별하고 차별의 헌법적 정당성이 없기 때문에 위헌성이 높다고 할 수 있다. 재외선거인에게 주민등록이 되어있지 않다는 이유로 국민의 대표자인 국회의원을 선출할 권리인 선거권을 부여하지 않는 것은 국민의 선거에 의하여 국회의원이 선출되어야 한다는 헌법 제40조 제1항에 위반되는 것이다. 헌법은 우리나라 국적을 지닌 재외선거인에게 임기만료에 따른 비례대표국회의원 선거권만을 부여하도록 하고, 주민등록이 없다는 이유로 지역구국회의원 선거권을 부여하지 않아도 되도록 입법자에게 광범위한 입법형성권을 부여하고 있지 않다. 헌법상 거주·이전의 자유가 보장되어 있고, 통신과 교통이 고도로 발달된 오늘날 주민등록된 주소지가 없음을 이유로 재외선거인에게 선거권을 부여하지 않는 것은 선거권을 본질적으로 침해하는 입법작용이라 할 수 있다. 2015년 1월부터 우리나라 국적을 지닌 해외 영주권자에게도 주민등록증을 발급해주는 "재외국민 주민등록 제도"가 시행되기에 재외선거인도 주소지가 생기게 된다. 지역구 설정에 있어서 가족관계 등록기준지를 기준으로 정하거나 재외선거인의 국내 최종 주소지를 지역구로 정하고, 그 이후에는 지역구 변경을 할 수 없도록 하는 것도 하나의 방법이 될 수 있다. 또한 만약 가족관계 등록기준지가 없는 재외선거인의 경우에는 친척이나 관련 가족의 주소지를 지역구로 정할 수 있도록 대안이 마련되어야 한다.

지역구 후보자에 대한 정보부족이나 투표용지의 발송·회송을 위해 선거

---

from Abroad, Trydells tryckeri AB, Sweden, pp.23－24.

기간이 짧다는 이유는 재외선거인에게 선거권을 부여하지 않는 것은 헌법적 정당성을 얻을 수 없다. 국회의원선거에 있어서 국내의 주민등록된 선거권자는 지역구국회의원선거와 비례대표국회의원선거에서 각각 1인 1표를 부여받고 있는 반면, 재외선거인에게 지역구국회의원 선거권을 부여하지 않는 것은 보통선거원칙에 위반될 뿐만 아니라, 동시에 주민등록자와 재외선거인 간의 지역구국회의원선거에 있어서 투표가치의 차별을 하는 것이므로 평등선거원칙에도 위반되게 된다.

일본의 경우 재외선거제도 도입 당시에는 참의원 선거와 중의원 선거 모두 비례대표선거권만 재외국민에게 부여하는 부칙 규정을 두었다. 이에 따라 2000년 6월에 실시된 제42회 중의원 의원총선거부터 2005년 9월에 실시된 제44회 중의원 의원총선거까지 3회의 중의원 의원선거와 2회의 참의원 의원통상선거에서 재외선거가 실시되었고, 5회의 선거 모두 재외국민에게 비례대표선거권만 부여하였다.[8] 그러나 2005년 9월 14일 일본 최고재판소는 재외선거소송사건과 관련하여 재외선거의 대상을 당분간 참의원과 중의원의 비례대표선거에 한한다는 공직선거법 부칙을 위헌으로 판결하였다. 이에 따라 일본에서는 2006년 6월 14일 공직선거법 개정으로 중의원 소선거구 및 참의원 선거구 선거와 이와 관련된 재·보궐선거까지 재외국민의 선거권을 부여하게 되었다.

(2) 재외선거의 공정성 확보

1) 선거의 공정성과 그 헌법적 근거

선거의 공정성이란 선거과정에 있어서 국민의 의사가 정확하게 반영될 수 있도록 선거 제반조건에 대한 공정한 관리를 의미한다. 선거에 있어서 정당이나 후보자간의 공정한 경쟁이 가능한 구조가 법제도적으로 전제되어야, 경쟁당사자간의 공정한 경쟁이 가능하며, 금력이나 권력 등에 의해 특정 정당이나 후보자에게 유리하게 작용하는 외부적·내부적 조건을 배척할 수 있다. 선거의 공정성은 선거구 획정, 입후보 과정, 후보자 결정, 선거운동, 투표, 당

---

8 일본의 재외선거제도의 연혁은 「일본재외선거편람」, 일본재외선거연구회 편, 2007, 5-7면 참조.

선자 결정, 그리고 선거쟁송 등의 선거의 전체과정에서 선거 참여자간의 기회균등을 포함하는 개념이다.[9]

선거운동의 자유도 '선거의 공정성 보장'이라는 공익을 위하여 필요한 경우에는 법률로써 제한할 수 있도록 우리 헌법 제37조 제2항은 규정하고 있다. 공직선거법도 선거의 자유와 공정성을 확보하기 위하여 선거운동의 주체, 기간, 방법 등에 대하여 일정한 제한을 가하고 있다. 공직선거법의 각 조항들에 의한 선거운동의 제한은 의사표현의 내용 그 자체에 대한 제한이 아니라 선거운동 과정에서 예상되는 다양한 선거운동의 방법 중에서 특히 중대한 폐해를 초래함으로써 선거의 자유와 공정성을 해칠 우려가 크다고 인정되는 의사표현의 특수한 수단방법에 국한하고 있고, 또한 제한의 경우에도 필요한 경우에 최소한의 정도를 넘지 않아야 한다. 선거의 공정성과 관련이 있는 헌법적 근거규정들은 국회의원선거와 대통령선거에서 각각 헌법 제41조 제1항[10]과 헌법 제67조 제1항[11]이 있다. 또한 선거관리의 공정성과 관련하여서는 헌법 제114조 제1항[12]과 헌법 제116조 제1항[13]의 규정이 있다. 재외선거인에게 지역구국회의원선거권을 부여하지 않는 근거로 선거의 불공정성 유발가능성을 들고 있는데, 이는 선거의 공정성 확보라는 국가의 과제를 선거권자의 책임으로 전가하는 것이나 다름없다. 재외국민에게 선거권을 부여하는 것은 헌법상 보통선거원칙상 당연히 인정되어야 하는 것이고, 선거의 공정성 확보 문제는 국가가 법제도적으로 해결해야 하는 과제인 것이다.

재외선거의 공정한 관리를 위하여 선거관리 기구의 인적·물적 지원시스템을 확충해야 한다. 우리나라의 경우 재외선거를 위해 '재외선거관리위원회'를 두고 있다. 재외선거관리위원회는 164개 공관에 설치되어 있다. 선거일 전 180일부터 선거일 후 30일까지 약 7개월간 설치된다. 재외선거관리위원회의 위원의 자격요건은 정당원이 아닌 국회의원 선거권을 지닌 자이며, 구성은 중

9 음선필, "대통령의 선거중립의무", 「헌법학연구」 제17권 제2호, 2011, 65-66면.
10 헌법 제41조 ① 국회는 국민의 보통·평등·직접·비밀선거에 의하여 선출된 국회의원으로 구성한다.
11 헌법 제67조 ① 대통령은 국민의 보통·평등·직접·비밀선거에 의하여 선출한다.
12 헌법 제114조 ① 선거와 국민투표의 공정한 관리 및 정당에 관한 사무를 처리하기 위하여 선거관리위원회를 둔다.
13 헌법 제116조 ① 선거운동은 각급 선거관리위원회의 관리하에 법률이 정하는 범위 안에서 하되, 균등한 기회가 보장되어야 한다.

앙선관위 지명 2인, 국회 교섭단체를 구성하는 정당 추천 각 1인, 공관장 또는 공관장 추천직원 중 1인이다. 또한 공관마다 해당 공관장이 당연직 재외투표관리관이 된다. 그런데 이 정도의 인원과 조직으로는 광범위한 지역 및 수많은 재외국민에 의한 재외선거와 관련하여 발생하는 선거범죄를 예방하고 단속하기에는 역부족이다. 선거범죄를 예방하고 단속하기 위한 인원과 조직을 충분히 확보하는 것이 급선무이다.

2) 공정성 확보방안

선거의 공정성 논의는 크게 2가지로 나누어 볼 수 있다. 하나는 '절차적 공정성'이고 다른 하나는 '선거운동의 공정성'이다. 절차적 공정성은 주로 선거인명부 작성, 투표, 개표 등 선거관리의 절차가 법규정에 위반됨 없이 모든 선거권자에게 공평하게 적용되는가의 문제이다. 반면, 선거운동의 공정성은 후보자나 정당 등이 당선을 위해 행하는 선거운동과정의 공정성을 말하며, 선거사범에 대한 사후 처벌문제를 포함한다. 절차적 공정성은 선거관리 담당기관의 사전준비와 철저한 집행으로 확보될 수 있으나, 선거운동의 공정성은 우리나라 주권이 미치지 않는 국외에서 발생하는 불법선거운동에 대한 문제이므로, 입법에 의한 공정성 확보가 필수적이다.

① 절차적 공정성 확보방안

재외선거에 관한 사무를 공정하게 관리하기 위해서 공관마다 재외투표관리관을 두는데, 해당 공관의 장이 당연직으로 재외투표관리관이 된다. 재외투표관리관은 재외선거인의 등록신청과 국외부재자 신고를 접수하여 국내로 송부하며, 재외국민의 선거권 행사에 필요한 사항을 홍보·지원하고 재외투표소 설비, 재외투표 국내 회송 등 재외선거사무를 총괄하여 관리하는 역할을 하며, 재외선거 전반에 대한 재외선거관리위원회의 업무를 지원한다. 재외선거에 있어서 투표소 설치 및 투표 진행의 공정성 확보가 중요하다. 공직선거법 제218조의20 제2항에서는 재외선거관리위원회에 재외투표소별로 재외선거인 중 2명을 투표참관인으로 둘 수 있도록 규정하고 있다. 이러한 투표참관인뿐만 아니라, 재외국민 5천명 이상인 공관마다 선관위 소속 공무원과 지방자치단체 소속 공무원 중 선거관리 경험이 있는 자 각 1인을 파견하여 선거관리관이 수

행하는 공관투표 업무를 지원하도록 해야 한다.

② 선거운동의 공정성 확보방안

국외부재자와 재외선거인에 대해 국외에서 행하는 불법행위는 형법 제3조에 의하면 외국에서 죄를 범한 내국인에게도 적용되지만, 기소 후에도 우리나라 국적자인 국외범이 국내법정에 출석하지 않아 궐석재판으로 진행되기 쉽다. 그리고 재판을 진행해서 형을 확정한다고 하여도 피고인이 귀국하지 않아 신병 확보가 되지 않으면, 형 집행을 할 수 없으므로 실효성이 없게 된다. 또한 국외에서의 불법선거 조사활동을 할 수 없고 증거자료를 확보하는데 문제가 있다.

재외선거에서 선거운동의 공정성을 확보하기 위한 방안으로는 재외선거와 관련한 선거범죄에 대해서는 국외선거사범에 대한 공소시효 연장과 선거법 위반 혐의가 명백한 재외선거범죄자 중에서 조사불응자에 대한 여권발급 제한, 외국인 재외선거범죄 혐의자 입국제한 등을 고려할 수 있다. 현재 국외선거범에 대한 공소시효를 일반시효보다 길게 해당 선거일 후 5년으로 규정하고 있는 것[14]은 국외선거운동에 있어서 공정성을 확보하고자 함에 있다.

국내 선거에서는 연설이나 대담 또는 전자우편에 의한 선거운동 등이 행해질 수 있는 반면, 선거운동의 공정성을 위해 재외선거권자에게는 전화, 말, 인터넷광고, 방송시설 등 제한된 수단으로만 선거운동을 할 수 있도록 공직선거법은 규정하고 있다.[15]

---

14 공직선거법 제218조의26(국외선거범에 대한 공소시효 등) ① 제268조 제1항 본문에도 불구하고 국외에서 범한 이 법에 규정된 죄의 공소시효는 해당 선거일 후 5년을 경과함으로써 완성한다. ② 국외에서 이 법에 규정된 죄를 범한 자로서 「형사소송법」에 따라 법원의 관할을 특정할 수 없는 자의 제1심 재판 관할은 서울중앙지방법원으로 한다.

15 공직선거법 제218조의14(국외선거운동 방법에 관한 특례) ① 재외선거권자(재외선거인명부등에 올라 있거나 오를 자격이 있는 사람을 말한다. 이하 같다)를 대상으로 하는 선거운동은 다음 각 호에서 정한 방법으로만 할 수 있다.

1. 제59조 제2호·제3호에 따른 선거운동
2. 위성방송시설(「방송법」에 따른 방송사업자가 관리·운영하는 국외송출이 가능한 국내의 방송시설을 말한다. 이하 이 장에서 같다)을 이용한 제70조에 따른 방송광고
3. 위성방송시설을 이용한 제71조에 따른 방송연설
4. 삭제 <2012. 2. 29>
5. 제82조의7에 따른 인터넷광고
6. 전화(송·수화자 간 직접 통화하는 방식에 한한다)를 이용하거나 말로 하는 선거운동

4. 재외선거에서 투표율 제고 방안

(1) 재외선거인 투표방법의 간편화

선거권을 지닌 자라도 선거인 명부에 등록되어 있지 않으면, 선거권을 행사하지 못하게 된다. 국내선거의 경우 부재자신고를 제외하고, 구·시·군의 장이 직권으로 선거인 명부를 작성하기 때문에 등록이나 신고의 절차가 필요없지만, 재외선거의 경우에는 재외국민의 소재지 파악이 어렵고 자격요건과 신원확인을 하기 위해서 등록신청이나 신고의 절차를 요구하고 있다. 현행 공직선거법 규정에 의하면, 외국에서 투표를 하려는 자로서 국외에 거주하는 영주권취득자와 해외이주자의 경우에는 '재외선거인 등록'을, 주민등록이 되어 있는 일시체류자나 국내거소신고를 한 영주권취득자와 해외이주자의 경우에는 '국외부재자 신고'를 하도록 규정하고 있다(공선법 제218조의4[16] 및 공선법 제218조의5). 재외선거인명부는 중앙선거관리위원회가, 국외부재자신고인명부는 구·시·군의 장이 각각 명부작성권자이다. 우리나라의 공직선거법에서 국외부재자 신고는 공관에 방문하거나 구·시·군의 장에게 직접 신고하거나 우편으로 신고도 가능하다. 재외선거인 등록신청은 공직선거법이 개정되어 공관에 직접 방문하여 신청하는 방법뿐만 아니라, 전자우편을 이용하여 신청하는 방법이 도입되었다.[17]

---

16 공직선거법 제218조의4(국외부재자 신고) ① 주민등록이 되어 있거나 국내거소신고를 한 사람으로서 다음 각 호의 어느 하나에 해당하여 외국에서 투표하려는 선거권자(지역구국회의원선거에서는 국내거소신고가 되어 있는 선거권자는 제외한다)는 대통령선거와 임기만료에 따른 국회의원선거를 실시하는 때마다 선거일 전 150일부터 선거일 전 60일까지(이하 이 장에서 "국외부재자 신고기간"이라 한다) 서면 또는 전자우편으로 관할 구·시·군의 장에게 국외부재자 신고를 하여야 한다. 이 경우 외국에 머물거나 거주하는 사람은 공관을 경유하여 신고하여야 한다. 1. 사전투표기간 개시일 전 출국하여 선거일 후에 귀국이 예정된 사람 2. 외국에 머물거나 거주하여 선거일까지 귀국하지 아니할 사람

17 공직선거법 제218조의5(재외선거인 등록신청) ① 주민등록이 되어 있지 아니하고 국내거소신고도 하지 아니한 사람으로서 외국에서 투표하려는 선거권자는 대통령선거와 임기만료에 따른 비례대표국회의원선거를 실시하는 때마다 선거일 전 150일부터 선거일 전 60일까지(이하 이 장에서 "재외선거인 등록신청기간"이라 한다) 다음 각 호의 어느 하나에 해당하는 방법으로 중앙선거관리위원회에 재외선거인 등록신청을 하여야 한다. <개정 2012. 10. 2.>

1. 공관을 직접 방문하여 서면으로 신청하는 방법. 이 경우 대한민국 국민은 가족(본인의 배우자와 본인·배우자의 직계존비속을 말한다)의 재외선거인 등록신청서를 대리하여 제출할 수 있으며, 대리하여 제출하는 사람은 자신의 여권사본을 함께 제출하여야 한다.
2. 관할구역을 순회하는 공관에 근무하는 직원에게 직접 서면으로 신청하는 방법. 이 경우 제1호 후단을 준용한다.

현행 재외선거제도에 의하면, '수시명부제'를 채택하고 있어 매 재외선거마다 재외선거권자는 등록신청을 하여야 한다.[18] 재외선거권자는 거주지의 변경이 없어도 매번 재외선거 때마다 외교공관을 방문하여 서면으로 등록신청하거나 선거 때마다 등록신청하여야 한다. 재외선거권자에게 동일한 등록신청이나 신고의 반복의 불편함을 해소시키고 재외선거의 관리비용의 절감이라는 측면에서 현행 수시명부제는 변경될 필요성이 있다. 그 대안으로 미국에서 사용하는 '준영구명부제'를 도입하는 방안을 고려해 봄직하다. 재외선거권자가 선거인 명부등록 및 국외부재자 신고를 할 때 일정한 의사를 밝히면 정기적으로 예정된 다음 2번의 선거에서 재차 등록신청이나 부재자신고를 하지 않아도 선거에 참여할 수 있다.[19] 영국은 한번 등록하면 1년간 유효한 준영구명부제이다. 우리나라의 경우에도 특정한 해에는 국회의원 총선거와 대통령선거가 동시에 치루어지는 경우가 있으므로 재외선거권자에게 선거에 참여할 수 있는 기회를 넓혀준다는 시각에서 준영구명부제를 도입할 필요성이 크다.

재외선거인 등록신청의 경우에 우편 등록신청 뿐만 아니라, 팩스 등록신청, 인터넷 등록신청도 가능하도록 하여야 한다. 외국의 경우에도 미국, 영국, 프랑스 등의 국가에서는 직접 공관을 방문하는 방법 이외에도 우편을 통한 신청이 가능하도록 하고 있다. 또한 미국의 여러 주(州)에서는 인터넷, 팩스로도 등록신청이 가능하도록 열어두고 있다.

투표 때 제시하는 신분증을 여권에 한정하지 말고 운전면허증 또는 외국인등록증도 가능토록 해야 한다. 인터넷 등록신청시에 투표자 신원확인방안으로 전자서명법에 의한 전자서명을 이용하거나, 또는 본인 인증제를 활용할 수 있다. 인증을 위한 방법으로는 공인인증서 또는 모바일을 통한 인증 등이 있다.

독일은 서명법에 의하여 투표자 신원확인을 위한 제도적 장치를 마련하고 있다. 신원확인을 위한 방법으로 변경가능한 핀(Pin: 개인적 동일성 번호)과

---

3. 전자우편을 이용하여 신청하는 방법

18 공직선거법 제218조의13(재외선거인명부등의 확정과 송부) ① 재외선거인명부등은 선거일 전 30일에 확정되며, 해당 선거에 한하여 효력을 가진다.

19 미국 군인 및 해외시민부재자투표법 (Uniformed and Overseas Citizens Absentee Voting Act of 1986) 제104조 참조.

탄(Tan: 업무처리번호)으로 대칭적인 암호를 사용함으로써 안전성 문제를 대비하였다.[20] 인증법은 인증을 위한 다양한 안전성 단계로 구분된다. 공직선거의 중요성 때문에 공인된 전자적 인증이라는 최상의 안전성 기준이 요구된다.[21] 이러한 전자적 인증에 대해 자필서명과 동일한 효력을 부여해야 한다.[22] 전자적 인증은 인증키와 인증검사키를 지닌 비대칭적 암호절차에 기초하여야 한다. 즉, 하나의 암호는 다른 암호와는 별개로 다시 해독되어야 한다.[23] 인증검사키는 오로지 개인 자신에게만 귀속되고, 그 사람의 정보가 인증되었는지 여부와 그 투표자료가 추후에 변경되었는지 여부를 확인할 수 있어야 한다.[24] 이러한 절차를 통해 공인인증기관이 인정한 공인인증서에 의해 그 자연인이 동일인인지 여부를 확인한다.[25] 공인인증서는 동일성 여부를 확인할 수 있어야 하고,[26] 투표절차에서 그 진정성이 검사되어야 한다.[27]

(2) 재외투표 방법의 다양화

헌법재판소는 "선거권의 제한은 불가피하게 요청되는 개별적·구체적 사유가 존재함이 명백할 경우에만 정당화될 수 있고, 막연하고 추상적인 위험이나 국가의 노력에 의해 극복될 수 있는 기술상의 어려움이나 장애 등을 사유로 그 제한이 정당화될 수 없다"[28]고 판시하고 있다. 재외선거인이 공관에 직접 가서 투표하는 방법 이외에 여러 대안을 국가가 마련할 수 있음에도 불구하고 국가가 이러한 노력을 게을리 함으로써 실질적인 국민주권 실현에 장애가 유발된다면 이는 국민의 기본권에 대한 침해를 가져온다.

재외선거권을 가진 투표자수인 230만 재외국민이 109개국, 164개의 재외공관에서만 투표할 수 있게 하면 투표율이 현저히 떨어질 것이다. 따라서 이

---

20 Der Spiegel 12/99, S. 57.
21 독일 §2 SigG.
22 독일 §6 Ⅱ SigG 및 Art. 5 SigRL.
23 Geis, NJW 1997, S. 3000; Roßnagel, NJW 1998, S. 3312.
24 Roßnagel, NJW 2001, S. 1817.
25 독일 §5 SigG.
26 독일 §5 Ⅰ SigG.
27 O. R. Rüß, E-democracy - Demokratie und Wahlen im Internet, ZRP 2001, S. 520; 이부하, 전자민주주의와 인터넷 선거, 「공법학연구」 제10권 제2호, 2009. 5, 119면.
28 헌재 2007. 6. 28. 2004헌마644, 「판례집」 제19권 1집, 859 (860).

미 많은 국가(오스트리아 등 25개국)에서는 우편투표만을 재외투표의 방식으로 채택하고 있거나 혼합방식(일본 등 12개국)으로서 직접선거나 우편투표 등을 함께 활용하는 국가들도 있다. 네덜란드 등 4개국은 우편투표, 대리투표, 전자투표, 팩스투표 등을 활용하고 있다.

1) 우편투표

투표소를 재외공관으로 제한하는 경우 거리상으로 공관으로부터 먼 지역에 거주하는 재외선거권자의 선거권 행사에 있어 문제가 발생한다. 투표소를 우리나라 대사관, 총영사관 등 재외공관으로 제한한 투표방식은 변경하여야 한다. 현행 공직선거법 제281조의17에 의하면, 재외투표소는 공관에만 설치해야 하고, 공관의 협소 등 부득이한 경우에만 대체시설에 설치할 수 있다고 규정하고 있다. 재외공관은 전세계 230여 개국 가운데 109개국, 164개 공관이 설치되어 있으며 이들 공관 중 157개 공관에 투표소를 설치하고 있다. 외교통상부에 따르면, 재외 국민이 거주하는 국가는 모두 176개국에 달한다. 이에 따라 전체 164개 공관에 투표소를 모두 설치하더라도 67개국의 재외국민은 선거인명부 등록과 투표를 위해 두 차례 국경을 넘어 타국의 공관을 방문해야 한다. 따라서 선관위도 유권자가 2만명 이상이면서 공관이 멀리 떨어져 있는 지역에는 추가 투표소를 설치하는 방안을 추진키로 하였다. 그러나 국내 투표소 설치비용은 한 투표소 당 230만원이지만, 외국에서는 2천 700만원이 들어 37곳을 늘리면 10억원이 필요하다는 것이 선관위의 설명이다. 또한 미국과 중국과 같은 영토가 넓은 국가의 경우에는 투표소가 설치된 공관까지 가기 위해 많은 시간과 비용을 들여야 할 상황이다. 예컨대 미국 노스다코타주 거주자는 1천 500㎞ 떨어져 있는 시카고 총영사관 관할이어서 투표를 하려면 서울~부산의 약 4배 거리를 왕복해야 한다. 투표 한번 하려면 최소 수십만원의 비용과 이틀 이상의 시간을 할애해야 한다. 유권자 수가 20만 명이 넘는 로스앤젤레스(LA)총영사관의 경우 투표소 한 곳이 하루 2천~3천명밖에 수용하지 못해 투표권 행사에 차질이 빚어질 우려도 제기되고 있다. 경제협력개발기구(OECD) 가입국 중 공관투표와 함께 우편투표도 실시하는 나라는 영국과 일본을 포함해 20개국이나 된다. 해외 공관에서는 투표소 및 주차시설 등의 한계로 하루

2천~3천명 밖에 투표를 할 수 없는 상황이다. 이러한 이유로 투표소 투표의 현실적인 문제로 인해 우편투표나 인터넷투표를 적극적으로 허용해야 하다.

우편투표에는 3가지 방법을 고려할 수 있다. 첫째, 공관 접근이 용이하지 않은 지역거주자에 대해서는 우편투표가 불가피하다. 이 경우 국제적으로 신뢰성있는 국제우편회사(예를 들면, EMS)를 활용하는 것이 대안일 것이다. 둘째, 미국 LA나 일본 오사카와 같이 인구밀집지역에서는 제한된 지역에 우편투표를 실시할 수 있다. 이는 미국 LA[29]나 일본 오사카의 경우 시내에 수십 개의 투표소가 필요하기 때문에 투표소 설치문제를 해결할 수 있다. 셋째, 재외국민이 공관투표와 우편투표 중 스스로 선택하여 투표를 하는 경우이다.

우편투표제도의 단점은 비밀선거나 직접선거 원칙을 해칠 위험이 있다는 것이다. 이를 방지하기 위해 '본인확인서약서'(Oath of Identification)를 함께 첨부하여 우편투표하도록 하는 방법이 가능할 것이다. 이미 캐나다와 호주 등에서는 우편투표의 공정성을 확보하기 위한 방안으로서 '선언서'(declaration)를 첨부하여 우편투표하는 방식을 취하고 있다.

현행 공직선거법에 의해 재외투표소인 공관에서 투표를 할 경우, 선거일 전 9일까지만 설치·운영되기 때문에 대통령선거에서는 최대 14일간, 국회의원선거에서는 최대 5일간의 국내 선거운동을 살펴본 후에 지지후보자를 선택해야 하는 문제가 있다. 그리고 일반적으로 외교행낭에 의한 투표용지의 발송 및 회송의 총 소요기간은 공관에 재외투표소를 설치·운영하는 기간을 고려해야 하므로, 우편투표에 소요되는 기간보다 더 장기간을 요하는 것이 일반적이다.

2) 인터넷투표

미국 LA에서는 20~30만 명이 투표를 해야 하는데 현지 총영사관에서 수용이 불가능하다. 또한 미국에서는 재외국민 투표를 12개 공관에서 할 수 있지만, 지리적인 특성상 애리조나주에서 로스앤젤레스(LA) 공관까지 가려면 이동시간이 1박 2일 걸리고 비용도 700~800달러씩 들기 때문에, 인터넷투표를

29 미국 LA의 경우 선거권자 6천 명당 1개의 투표소를 설치하게 되면, LA에는 30여개의 투표소가 필요하게 된다.

고려해야 한다. 또한 투표용지 발송·배송 과정에서 국외거소 부실 기재로 인한 투표용지 반송, 수취인 부재, 배달 지연 등이 빈번하게 발생할 가능성이 높다. 이는 우편투표의 한계로서 인터넷투표 등 대체수단이 불가피함을 증명하는 것이다. 다만, 인터넷투표의 도입으로 인한 폐단을 막기 위해 선거의 공정성 확보방안을 마련하는 것이 필수적이다.

첫째, 인터넷투표를 위한 전반적인 기술적 조건들이 충족되어야 한다. 기술적인 안전성, 정확성, 신뢰성, 접근성이 담보되어야 전자민주주의가 제대로 도입될 수 있다.[30] 이를 위해서 선거시에 컴퓨터 등 물적 요소가 물리적 및 가상적 해킹으로부터 또는 바이러스의 공격으로부터 보호될 수 있어야 한다. 그리고 중복투표의 방지와 어떠한 투표도 상실하지 않도록 하기 위해 투표결과의 정확한 전송 및 저장 그리고 집계가 이루어지도록 기술적 시스템의 구축과 중앙컴퓨터 시스템이 충분한 공간을 확보하고 있어야 한다. 완벽한 사전적인 안전보장시스템은 실현불가능하기에, 인터넷투표와 관련한 불법행위에 대해서는 형사법적 제재를 실효성있게 적용해야만 한다. 인터넷투표에서는 컴퓨터를 사용하기 어려운 장애인이나 기술적인 능력의 부족으로 인한 취약계층에게 인터넷투표가 가능하게 제도적 뒷받침이 이루어져야 한다. 선거방법에 있어서 인터넷투표만을 요구하여 인터넷을 사용할 수 없는 사람들이 선거에 참여할 수 없는 조건을 만들어서는 안된다. 따라서 투표방법에 있어서 투표소에서의 투표와 인터넷투표의 양자 중 선택하여 참여할 수 있게 한다던, 인터넷을 활용할 수 없는 선거인도 다른 방법을 선택할 수 있게 된다.[31]

둘째, 인터넷투표에서는 중복투표의 방지가 중요하다. 이를 위해서는 유권자 개개인에게 별도의 인증키를 담은 패스워드를 배포하는 방식을 취해야 한다. 인터넷투표에 있어서 핵심적인 장애물은 통신망에서 투표권자의 동일성을 확인하는 작업이다. 이는 제3자가 투표권자를 대신하여 불법으로 투표하거나 자신의 투표결과를 변경하는 것을 방지하는 시스템을 구축해야 한다. 인터넷투표에 의할 경우 가족이나 제3자에게 투표결과가 노출될 수 있는 문제점이

30 박선영, "정보화사회에서의 정치적 기본권 －인터넷의 정치적 기능을 중심으로－", 「공법연구」 제33집 제1호, 2004, 391면.
31 이부하, "공직선거법상 재외선거권에 관한 법정책적 검토", 「법과정책연구」 제11집 제2호, 2011, 552면.

있다. 또한 선거관리기관이나 다른 사인에 의해 투표결과를 역추적하여 그 투표권자를 알 수 있는 경우가 발생할 수 있다. 이를 위한 제도적 장치로서 유권자 개인정보와 개개 유권자의 투표결과를 분리 처리하여, 개개 유권자의 투표결과를 추적할 수 없도록 차단하는 기술적 장치를 마련해야 한다.

5. 결 론

국회의원선거에서 재외선거의 투표율이 낮은 이유는 여러 가지로 분석될 수 있지만, 특히 한번 선거를 함에 있어서 절차나 시간상의 번거로움과 투표방법상 공관투표의 획일화가 주요하게 영향을 미쳤다고 사료된다. 따라서 재외선거의 참여율을 높일 수 있는 방안을 법제도적으로 적극 검토해야 한다. 현행 재외선거인 투표방법을 공관에 직접 방문하여 하는 투표와 우편투표뿐만 아니라, 인터넷 투표 등도 도입함으로써 투표율을 높이기 위한 다양한 방법을 도입하도록 법제도를 개선해야 한다. 즉, 투표방법의 다양화가 필요하다. 영토가 넓은 국가에 거주하는 재외선거인이 투표소에 가서 투표하는 현실적인 어려움을 극복하고, 선거권의 용이한 행사를 위해 우편투표나 인터넷투표를 적극적으로 도입해야 한다. 또한 재외선거에서 선거권자의 투표 용이성과 비용 절감이라는 측면에서 미국의 '준영구명부제'를 도입할 필요성이 있다.

공직선거법에서는 지역구국회의원선거에 대해 재외선거인의 선거권을 부여하고 있지 않다. 이러한 공직선거법 규정은 헌법이 요구하는 보통선거원칙과 평등선거원칙에 위반되게 된다. 이에 대해서는 재외선거인의 지역구 설정에 있어서는 가족관계 등록기준지를 기준으로 정하거나 재외선거인의 국내 최종 주소지를 지역구로 정하고, 그 이후에는 지역구 변경을 할 수 없도록 하는 방안이 고려될 수 있다.

Ⅱ. 인터넷 선거의 도입

1. 전자민주주의의 개념

인터넷은 민주주의를 가치 있는 방향으로 인도할 수 있는 기술적 도구이다. 인터넷은 유사한 이해관계를 지닌 개인들을 연결시켜 주며, 사람들은 인터넷을 통해 여러 개인들이 함께 공유하며 동의하는 바를 정치적 사회에서 표현할 수 있게 된다. 또한 인터넷은 선거를 위한 도구로도 사용할 수 있다. 예를 들면, 투표권자는 전통적인 투표소에서 투표하는 대신에 인터넷 선거를 통해 투표하는 시간을 절약하면서 편안하게 컴퓨터 앞에서 투표할 수 있게 된다. 이러한 인터넷 선거에 대한 요구는 국민들에 의해 점차 증가하고 있다. 변화된 통신매체를 무시하고 살 수 없는 상황이 되었기 때문에, 새로운 미디어 시대에 민주주의의 존립을 위해서 인터넷은 중요한 매체가 되었다.

전자민주주의란 쌍방향적·동시작용적 정보통신기반이라는 새로운 기술을 이용해 국민의 정치참여를 높이고 정치참여에 따른 비용을 줄여 직접민주주의를 실현할 수 있는 정치체제라고 정의하는 견해가 있다.[32] 그러나 전자민주주의로 인해 일반 국민이 정치적 결정과정에 참여할 수는 있다고 하여도 이것이 바로 직접민주주의로의 이전이라고 말하기는 어렵다. 전자민주주의란 대의제이든 직접민주주의이든 불문하고 민주주의 절차에 있어서 새로운 전자매체를 사용하는 민주주의를 말한다.[33] 따라서 전자민주주의의 개념은 인터넷을 통한 선거에만 국한되는 개념이 아니다. 투표소 이외의 인터넷 선거뿐만 아니라, 정해진 투표소에서 인터넷을 통한 선거 및 핸드폰을 통한 온라인 투표 등 넓은 의미의 선거를 포함한다. 또한, 법률안을 광범위하게 공고하기 위해 전자통신망을 활용하는 것도 전자민주주의에 해당된다.[34] 전자민주주의에 있어서 정보로의 접근은 민주적 의사형성을 위한 중요한 전제조건이기

32 박선영, 정보화사회에서의 정치적 기본권 –인터넷의 정치적 기능을 중심으로–, 공법연구 제33집 제1호, 2004. 11, 376면.

33 전자민주주의란 민주주의의 기능에 영향을 미치고 변화시키는 정보통신기술에 의해 개발된 모든 전자매체를 정치과정에서 활용하는 형태의 민주주의를 말한다(윤명선·박영철, 전자민주주의와 정치참여, 공법연구 제30집 제3호, 2002. 2, 210면).

34 Rubrik Gesetzgebungsvorhaben auf der Webseite des Bundesjustuzministeriums, www.bmj.bund.de.

때문에,[35] 인터넷 등 전자적 매체를 통해 국민의 의사가 정책에 전달되고 확인될 수 있는 모든 가능성을 포함한다.

결국 전자민주주의는 단순히 정치적 결정과정에 전자기술이 사용된다는 사실만이 아니라, 전자기술을 통해 일반 국민들의 적극적인 정치참여가 유도되고, 그로 인하여 정치적 기본권을 직접적으로 실현할 수 있는 정치체제를 말한다.[36]

2. 전자민주주의의 특징과 기능

대의제 민주주의에서는 유권자인 국민이 직접 대표자를 선출하지만, 그 선출된 국가기관인 대표자의 임기동안, 즉 다음 선거시까지는 원칙적으로 통제할 수 없는 시스템이다. 그러나 전자민주주의에서는 인터넷상의 데이터베이스를 통하여 언제, 어디서나, 누구와도 다양한 정보를 검색하고 교류할 수 있고, 과거의 정보에 대해서도 언제든지 검색할 수 있기 때문에 유권자들은 모든 사안에 대해 일상적으로 정확한 판단을 할 수 있다. 그러므로 정치나 선거에 있어서 끊임없는 비판과 통제를 함으로써 민주주의의 이념을 성취할 수 있다. 지금까지 각종 정책과정에 소외되었고 하향식 의사결정의 수용자에 불과했던 일반 국민이 정보통신기술을 이용하여 직접 상향식 의사형성에 기여할 수 있는 계기가 되었다.[37]

결국, 대의제 민주주의가 엘리트 중심의 정치체제라면, 전자민주주의는 교양과 지식을 갖춘 일반시민 중심의 정치체제라 할 수 있다. 전자민주주의는 국민과 국가기관간의 정치적 정보와 의견을 교환하는 매개체로서의 기능과 정치과정에 국민의 참여를 중요시하는 참여민주주의의 기능을 담당하게 된다.[38] 그러나 현실적으로 국민의 참여는 특정한 정책결정 내지 쟁점에 대하여

---

35 Benkler, Free as the Air to Common Use: First Amendment Constraints on the Public Domain, New York University Law Review, Vol. 74, May 1999, p.354.

36 Mark Franklin, Dynamics of Voter Turnout in Established Democracies since 1945, Cambridge, 2004, pp.32－57.

37 박선영, 정보화사회에서의 정치적 기본권, 공법연구 제33집 제1호, 2004. 11, 385면.

38 김영훈·한상희, 전자민주주의의 법적 의의, 공법연구 제27집 제1호, 1998. 12, 11면.

토론하고 투표하는 것을 의미하기 때문에, 정책결정이나 쟁점에 있어서 국민의 참여 기회가 법상으로 부여되고 있지 않은 경우 참여민주주의는 제약을 받게 된다.

3. 전자투표의 방식

인터넷 선거는 전자투표기를 사용하는 것과는 구별해야 한다. 전자투표기의 사용은 이미 현재 허용되고 있고 실시되고 있다. 독일 쾰른 시는 1999년 유럽선거를 위해 처음으로 전자투표기를 사용하였다. 여기서 말하는 전자투표기는 컴퓨터에 의한 인터넷 선거가 아니라, 투표소에 설치되어 투표를 위한 전자식 투표기이다.[39] 흥미롭게도 전자투표기와 인터넷 선거의 혼용이 이루어지고 있는 것이다. 전자투표기의 사용은 투표집계과정을 상당히 단축시키고 그로 인한 시간단축으로 장기간 이루어진 투표집계로 인한 비용을 절감할 수 있게 되었다. 이러한 전자투표기의 사용으로 선거관리위원회의 업무부담경감과 시간단축의 결과 충분한 선거관리위원들을 구할 수 없었던 어려움을 덜어주었다.

(1) 지정된 장소에서 전자기기를 이용한 투표

지정된 장소에서 전자기기를 이용한 투표방식이란 투표소나 관공서, 쇼핑센터 등 사람들이 자주 모이거나 접근이 편리한 장소에서 투표를 하고 후에 투표결과를 집계하는 전자기기를 설치하는 방식이다.[40] 터치스크린(touch screen) 방식이란 스크린에 정해진 부분을 눌러 투표하는 방식으로 네덜란드에서 광범위하게 활용 중이다. 또한 PC 기반 기술(PC based technologies) 방식이란 투표자가 투표권 등록 및 투표를 위해 스크린과 키패드(또는 마우스)의 조합을 활용하는 기술이다. 고정식 또는 이동식 키오스크(static or mobile kiosk) 방식이란 투표의 편의증진을 위해 투표소가 아닌 선거구내의 편리한 장소에 설치되거나 직장내, 병원, 양로원 등 다양한 장소에 이동설치가 가능한 키오스크

---

39 Rüß, MMR 2000, S. 73.

40 김재광, 전자투표도입에 따른 법적 과제, 한국정책지식센터, 2003, 26면.

에서 투표하는 것으로 키패드나 터치스크린을 활용한다.

(2) 원격투표

원격투표는 지정된 투표장소가 아닌 다양한 장소에서 다른 여러 전자적 기술을 활용하여 투표하는 방식이다.[41] 전화투표(telephone voting) 방식이란 유선전화나 이동전화를 이용하여 투표하는 시스템으로 영국의 Milto Keynes, Bristol 및 Croydon 등에서 주민투표에 활용된 바 있다. 또한 단문서비스 텍스트 투표 방식은 문자메시지 서비스(SMS) 기능을 활용하여 이동전화로 투표하는 시스템이며 2002년 영국의 지방선거에서 실험된 바 있다. 인터넷 투표(internet voting)란 인터넷을 이용하여 선거권자가 어느 장소에서나 투표할 수 있도록 하는 시스템으로 2000년 미국 애리조나(Arizona) 주 민주당 예비선거에서 사용되었다. 양방향 디지털 TV(interactive digital TV)를 이용한 투표 방식이란 전 세계적으로 공적 선거에서 활용된 바는 없으나, 양방향 디지털 TV로 투표하는 방식이다.

(3) 2008년 미국 대선에서 사용된 투표방식

2008년 미국 대통령 선거에서는 다양한 투표방식이 사용되었다. 터치스크린 전자투표기[42]와 광학 스캐너, 레버 머신, 펀치 카드, 일반 투표용지를 포함하여 5가지의 투표방식이 사용되었다. 이는 2000년 대선 때 당선자 발표를 한 달여 지연시켰던 플로리다 주(州)의 재검표 논란 이후, 미국 사회가 투표 및 개표 과정의 신뢰성을 확보하기 위해 다양한 노력을 기울인 결과 도입된 방식들이다.

'터치스크린'(touch screen) 전자투표는 2006년까지 각종 선거투표소의 절반 이상에 설치되는 등 각광을 받았던 첨단 투표방식이다. 그러나 컴퓨터나 화면의 오작동으로 인한 투표지연사태가 자주 발생하고 해킹 및 개표 부정 위

---

41 강신범·정현철, 전자투표 사업현황 및 사례분석, 정보보호학회지 제15권 제5호, 한국정보보호학회, 2005. 10, 54면 참조.

42 이 방식은 터치스크린 방식의 DRE(Direct Recording Electronic: 직접기록전자장치)라고 한다. 터치스크린 전자투표는 인터넷 투표가 아니다. 종이투표와 마찬가지로 투표소에서 실시하는 오프라인 방식으로서 투표결과를 실시간 인쇄 및 육안확인하고 검증도 가능한 시스템이다.

험에 대한 우려가 커지자, 2008년 대통령 선거에서는 유권자의 약 30%만이 터치스크린 방식을 사용하였다. 2008년 미국 대통령 선거에서 가장 많이 사용된 방식은 '광학 스캐너'(optical scanner) 방식이다. 터치스크린 방식에 대한 신뢰가 약한 선거구에 도입되어, 약 60% 가까운 유권자가 광학 스캐너 방식으로 투표하였다. 시험 답안지 채점에 쓰이는 OMR(광학 부호 판독) 방식과 마찬가지로, 기표된 투표용지를 스캐너로 인식하는 방식으로, 다른 방식에 비하여 재검표도 용이하다. 또한 20세기 중반에 처음 등장한 '레버 머신'(lever machine) 방식도 사용되었다. 유권자가 투표 부스에 들어가서 지지 후보자의 이름이 붙은 레버를 잡아당기면, 한 표가 계산되는 방법이다. 이 방식을 사용한 유권자는 전체의 약 6% 정도로 추산된다. 그 밖에 종이 투표용지에 기표한 뒤 일일이 개표하는 '용지 투표'(paper ballot) 방식은 부재자 투표 등에 소규모로 사용되었다.[43]

미국에서 초기에는 레버머신(Lever Machine)과 펀치카드(Punch card) 방식이, 컴퓨터가 일반화된 90년대 후반부터는 광학스캐너(Optical scan), 터치스크린 투표기(Touch screen)가 많이 활용되었다. 지난 2000년 미국 대통령 선거 당시 플로리다주에서 발생한 펀치카드(punch card) 방식의 정확성 논란이 전 세계적으로 이슈화되면서, 2002년부터 연방차원에서 특별법을 제정해 오래된 레버머신과 펀치카드 투표기를 광학스캐너나 터치스크린 투표기로 교체하는 대규모 프로젝트를 추진해 왔다. 2008년 미국 대선 시 가장 많이 사용된 것은 광학스캐너 방식으로, 이는 선거인이 기존의 방식대로 종이투표용지에 기표하여 이를 광학 스캐너에 삽입하면 자동으로 집계하는 방식이다. 본격적인 전자투표기라고 할 수 있는 터치스크린 전자투표기는 일부 주에서 기계의 오작동, 해킹 및 개표 부정의 우려가 있다고 보도되었다. 그러나, 이는 투표기록 육안확인시스템 기능이 미비된 지역에서 발생한 사례들로 추정된다. 선거인이 투표를 마친 후 그 투표결과를 인쇄하여 보관하는 종이확인증 기록장치가 구비된 지역에서는 별다른 문제점 없이 잘 사용한 것으로 파악되고 있다.[44]

---

43 http://news.chosun.com/site/data/html_dir/2008/11/05/2008110500017.html?srchCol=news&srchUrl=news2 조선일보 2008년 11월 5일(수) 5면.

44 김신기(중앙선관위 전자선거기획과장), http://www.joongboo.com/html/news_view.asp?articlenum=1

4. 전자민주주의의 한계 및 제도적 뒷받침

전자민주주의를 실현하는 전제조건으로 '정보격차'(digital divide)[45]의 해소가 급선무다. 정보격차란 정보기술을 사용할 수 있는 능력뿐만 아니라, 컴퓨터나 인터넷을 접근할 수 있는 집단과 할 수 없는 집단간의 차이를 의미한다. 세대간 차이 그리고 소득간 차이에 따라 또는 글을 읽고 컴퓨터를 할 수 있는 사람과 그렇지 않은 사람간의 정보에 있어서 차이를 유발한다. 이러한 정보격차는 역사적으로 또는 환경적으로 열악한 지위에 있는 특정한 유권자들을 정치과정에서 무시하게 되는 결과를 낳는다. 전자매체를 통한 정보접근권이 보장되지 않는 계층이나 지역이 존재한다면, 이는 또 다른 사회적 차별을 방치하는 것이고, 올바른 대의 민주주의를 실현하기 어려운 상황이 된다. 정보의 독점은 일부계층이나 일부집단의 의사를 전체 다수의 의사인 양 위장할 수 있기에 전자민주주의의 실현을 방해하는 요소가 된다.

전자민주주의와 인터넷 선거를 위한 전반적인 기술적 조건들이 충족되어야 한다. 기술적인 안전성, 정확성, 신뢰성, 접근성이 담보되어야 전자민주주의가 제대로 도입될 수 있다.[46] 이를 위해서 선거의 하부구조가 물리적 및 가상적 해킹으로부터 또는 바이러스의 공격으로부터 보호될 수 있어야 한다. 그리고 중복투표의 방지와 어떠한 투표도 상실하지 않도록 하기 위해 투표결과의 정확한 전송 및 저장 그리고 집계가 이루어지도록 기술적 시스템의 구축과 중앙컴퓨터 시스템이 충분한 용량을 비축하고 있어야 한다. 또한 일반적인 선거에서 보듯이 원천적으로 완벽한 사전적인 안전보장시스템은 실현불가능하기에, 인터넷 선거와 관련한 불법행위에 대해서는 형사법적 제재를 실효성있게 적용해야만 한다.

0430720081116&div=24

45 정보격차에 관한 내용은 S. Derek Turner, Free Press, Broadband Reality Check: The FCC Ignores America's Digital Divide 2 (2005), available at http://www.freepress.net/docs/broadband_report.pdf; Eben Moglen & Pamela S. Karlan, The Soul of a New Political Machine: The Online, The Color Line and Electronic Democracy, 34 Loy. L.A. L. Rev. 1089, 1090 (2001); Nat'l Telecomm. &Info. Admin., U.S. Dep't of Commerce, Falling Through the Net: Defining the Digital Divide (1999), available at http://www.ntia.doc.gov/ntiahome/fttn99/ 참조.

46 박선영, 정보화사회에서의 정치적 기본권, 공법연구 제33집 제1호, 2004. 11, 391면.

5. 인터넷 선거의 국외 사례

(1) 미 국

미국에서는 2000년 1월 24일 대통령 예비선거와 관련하여 알래스카(Alaska) 주의 3개 선거구에서 공화당 대통령 예비선거과정에서 제한적으로 인터넷 선거를 실시하였다. 당시 등록된 유권자는 3,500명이었지만, 35명만이 인터넷 선거를 실시하는 저조한 실적을 기록하였다. 이는 지역적으로 다른 지역과 고립되어 있고 도로나 교통시설이 부족하며, 특히 겨울에는 우편 서비스마저 단절되는 지역적 특성 때문에 인터넷을 이용한 투표를 실시하게 된 것이다.[47]

또한 2000년 3월 미국 대통령선거를 위한 애리조나(Arizona) 주 민주당 예비선거에서 투표소에서의 전자기표방식과 원격 인터넷 선거가 실시되었다.[48] 애리조나 주는 민주당원 6만 명에게 패스워드를 발급하여 가정이나 직장, 학교, 도서관 등 어느 곳에서나 인터넷을 통한 투표가 가능하도록 하였다. 그 결과 전체 투표자의 40% 이상이 원격 인터넷 선거로 투표하였다. 2000년 3월 7일부터 10일까지 실시된 전자투표 결과 투표율이 종전에 비해 3배나 높아진 것으로 나타났다.[49]

(2) 필리핀

필리핀은 국외에 거주하는 국민들의 투표 참여를 독려하기 위해 세계 최초로 인터넷을 이용한 부재자 투표를 실시하였다. 필리핀 정부는 2006년 제정한 '인터넷 선거법' 에 따라 2007년 5월 14일로 총선에서 인터넷 투표방식을 도입하기로 결정하고 싱가포르에 거주하는 2만 7000여명의 필리핀인을 대상으로 이를 우선 실시하였다. 이 사업을 주관한 마닐라의 정보통신업체 코메렉(COMELEC)사는 "싱가포르는 필리핀인들이 많이 거주하는 것은 물론, 인터넷 기술이 세계 최고 수준이라 인터넷 투표의 우선 실시지역으로 선정됐다"고 밝혔다.[50]

---

47 박기수, 사이버 선거에 관한 소고, 선거관리 제46호, 2000.12, 87－88면.

48 이에 관하여는 www.azdem.org 또는 www.election.com 참조

49 1984년 예비선거가 실시된 이래 가장 높은 10.5%의 투표율을 기록하였다(윤성이, 인터넷 투표, 정치문화 바꿀까, 주간조선 1688호, 2002. 1. 24).

50 http://philenglish.com/phil_html/bbs/zboard.php?id=phil_board3&no=119

(3) 영 국

영국은 2000년 Milto Keynes, Bristol 및 Croydon에서 세금인상 안건에 관한 주민투표에 전화와 인터넷을 이용한 전자투표를 허용하였으나, Milto Keynes에서는 20% 미만이 전화를 사용하였고, Bristol 및 Croydon에서는 10% 미만이 전화 또는 인터넷을 선택하였다.[51]

(4) 스위스

스위스는 2002년에 Geneva, Zurich, Neuchatel 등 3개 주에 대해 인터넷 투표를 시범적으로 실시하는 주로 선정하였고, 2003년 1월 19일에 Geneva 근교의 소도시인 Anieres에서 최초로 인터넷 투표를 실시하였다. Anieres시의 총 유권자 1,162명 중 323명이 인터넷을 통해 투표하였고, 370명은 우편으로 투표하였으며, 48명은 투표소를 이용하여 투표하였다.[52]

6. 대의제와 인터넷 선거의 양립가능성

대의제는 주권자인 국민이 직접 국가의사를 결정하지 않고 그들이 선출한 대표자로 하여금 국가의사를 결정케 함으로써 간접적으로 정치에 참여하는 기관구성 및 의사결정의 원리이다. 대의제는 치자와 피치자를 구별하여, 피치자에게 국가기관을 구성하는 권한과 통제권을 유보하고, 치자에게 국가의사나 정책을 결정할 수 있는 권한과 책임을 부여하는 통치기관의 구성원리이다. 따라서 대의기관을 구성하는데 있어서는 정당한 대표관계의 성립과 유지를 위해서 선거과정의 공정성, 국민적 감시와 통제, 의사결정과정의 공개, 토론과 다수결에 따르는 의회제도가 확립되어야 한다.

그런데, 인터넷 선거는 헌법상 대의제와 양립할 수 있는가가 문제된다. 인터넷은 인터넷을 통한 직접 민주주의로의 이행을 자극하는 잠재적인 능력 때문에 대의민주주의를 위협하는 요소로 인식되기도 한다. 그러나 이러한 인터넷의 잠재적인 위협에도 불구하고 인터넷은 대의제의 원리를 침해하는 요

51 강신범·정현철, 전자투표 사업 현황 및 사례 분석, 정보보호학술지 제15권 제5호, 2005. 10, 60면.
52 정보통신정책연구원, CLIS Monthly, 2003. 2, 28면.

소는 아니다.[53] 오히려 인터넷 선거는 부당하게 선거인의 투표참여를 조장하거나 방해하는 요인으로 작용하지 않을 뿐만 아니라, 투표 참여자의 투표결정에 있어서 가시적이고 대안적인 수많은 이유 중 하나로 작용할 뿐이다. 설사 선거인 모두가 투표를 직접 인터넷 선거로 하더라도 인터넷 그 자체의 속성상 투표자 수의 괄목할 만한 혁명적 변화를 불러일으킬 수 없다. 만약 인터넷 선거로 인해 선거결과의 혁명적 변화가 유발되더라도 이는 인터넷 선거라는 방법 자체에서 유발된 문제라고 보기 어렵다. 인터넷 선거는 대의제를 실현하는 과정의 문제점을 보충하고 국가기관 구성에 참여하지 못했던 소외된 사람들에게 참여의 기회를 부여하는 역할을 하는 것이다. 따라서 인터넷의 속성 때문에 인터넷 선거가 대의제를 위협하는 요소라는 인식은 타당하지 못하다.

오히려 대의제의 문제점을 해소하는 방향으로 인터넷 선거는 기능한다. 즉, 인터넷 선거는 대의제의 병리현상을 치유 내지 보완하는 방향으로 구체적인 주권행사를 가능케 함으로써 국민주권주의의 실질화를 추구할 수 있는 제도이다. 인터넷 선거는 국민의 참여민주주의를 실현함으로써 대의제와 조화로운 역할을 담당할 수 있다.[54] 예를 들면, 대의제하에서 국가기관을 선출하는 경우뿐만 아니라, 헌법상 국민의 '국가안위에 관한 중요정책에 대한 국민투표'(헌법 제72조)의 경우나 '헌법개정에 대한 국민투표'(헌법 제130조)의 경우 등 직접민주주의적 제도에서도 인터넷 선거가 활용될 수 있다. 따라서 인터넷 선거가 대의제를 부정하거나 대의제 이념과 충돌하는 것으로 볼 수 없다.

7. 인터넷 선거의 장점과 단점

(1) 인터넷 선거의 장점

인터넷 선거의 장점은 첫째, 선거인이 (미리 부재자투표도 하지 않은 상황에서) 선거지의 투표소에 갈 수 없는 상황이라 하더라도 선거일 전에 또는 선거일에 선거할 수 있다는 것이다. 이는 유권자의 선거참여를 높일 수 있는 효과

53 David M. Thompson, Is the Internet a viable threat to representative democracy?, Duke Law & Technology Review 1, 2008, p. 8.

54 김재광, 인터넷투표의 법적 제문제, JURIST 2002. 07, 34면.

를 지닌다. 특히 부재자투표의 수적 증가라는 측면에 비추어 볼 때, 증가하는 유동성을 고려하여 인터넷 선거시행 여부를 판단해야 한다. 물론 인터넷 선거도 부재자투표와 마찬가지로 선거인 자신의 투표결과가 제대로 전달되었는지 여부와 기술적 영역의 문제 등에 있어서 위험성을 지니고 있다. 그러나 이는 선거인에게 부여된 통제번호를 통해 자신의 투표가 계산되었는지를 점검할 수 있다. 둘째, 인터넷 선거 실시를 통해 얻어지는 장점은 특히 젊은 유권자들의 투표율을 높일 수 있다는 것이다. 미국의 연구결과에 의하면, 인터넷 선거를 통하여 청소년 선거인들이 70%까지 투표율이 높아졌다고 한다.[55] 셋째, 인터넷 투표는 선거사무와 개표에 소요되는 인력과 시간, 경비를 단축할 수 있고, 전자개표로 인해 개표시비를 예방할 수 있다. 넷째, 장애인 등 소외계층의 투표편의가 제공될 수 있고, 해외부재자와 재외국민의 투표가 용이해져 투표 참여율을 높일 수 있다.[56] 다섯째, 인터넷 선거의 장점은 투표율이 30% 내외에 머물러 정당성 시비까지 불러일으키는 보궐선거에 있어서 선거장소와 시간의 문제를 동시에 해결함으로써 유권자의 참정권보장을 획기적으로 개선할 수 있다.

(2) 인터넷 선거의 문제점

인터넷 선거를 실시할 경우 문제점은 사회적 취약계층 또는 기술적이나 상황적으로 인터넷에 접속하지 못하거나 사용하지 못하는 사람이 발생한다는 것이다. 인터넷 선거는 인터넷을 사용하지 못하는 계층이 많은 지역선거에는 활용하기 어렵다. 따라서 이를 극복하기 위해서는 사회나 국가내의 디지털로 인한 계층간 또는 세대간 분열이 발생하지 않도록 하기 위해, 인터넷의 전국적 보급 및 교육이 전제되어야 한다. 또한 인터넷 선거는 실제의 선거인이 투표했는지를 현실적으로 확인하기 어려운 점이 있고, 투표도중에 바이러스의 확산이나 해킹의 위험이 잠재해 있다.

---

55 www.azdem.org 또는 www.election.com 아리조나 주 프라이머리에서 인터넷 선거로 인해 약 600%의 선거참여가 증가했다.

56 박기수, 사이버 선거에 관한 소고, 선거관리 제46호, 2000. 12, 84－105면.

8. 인터넷 선거에 선거의 일반원칙 적용

선거의 일반원칙에는 보통선거, 평등선거, 직접선거, 비밀선거, 자유선거 원칙 등이 있다. 인터넷 선거에도 선거의 일반원칙들이 적용되어야 선거의 근간이 유지되며, 헌법이 요구하는 바를 충족시킬 수 있다. 선거권의 보편타당한 행사를 보장하기 위해서도 이러한 선거의 일반원칙은 인터넷 선거에도 적용되어야 한다.

(1) 보통선거원칙과 인터넷 선거

보통선거원칙이란 경제력·신분·성 기타 조건 등에 따른 제한이나 자격요건을 요구하지 않고 원칙적으로 일정한 연령에 달한 모든 국민에게 선거권을 주는 제도를 말한다. 이러한 보통선거와 관련하여 인터넷 선거에서는 컴퓨터를 사용하기 어려운 장애인이나 기술적인 능력의 부족으로 인한 취약계층에게 인터넷 선거가 가능한 제도적 뒷받침이 이루어져야 한다. 또한 보통선거원칙하에서는 일정한 연령에 달한 모든 국민에게 선거권을 부여하여야 한다. 선거방법에 있어서 인터넷 선거만을 요구하여 인터넷을 사용할 수 없는 사람들이 선거에 참여할 수 없는 조건을 만들어서는 안된다. 따라서 투표방법에 있어서 투표소에서의 투표와 인터넷 투표의 양자 중 선택하여 참여할 수 있게 한다면, 인터넷을 활용할 수 없는 선거인을 배척하는 것이 아니기에 보통선거원칙을 침해하는 것은 아니다.

(2) 평등선거원칙과 인터넷 선거

평등선거의 원칙은 평등의 원칙이 선거제도에 적용된 것으로서, 투표의 수적 평등, 즉, 복수투표제 등을 부인하고 모든 선거인에게 1인 1표(one man, one vote)를 인정함을 의미할 뿐만 아니라, 투표의 성과가치의 평등 즉, 1표의 투표가치가 대표자 선정이라는 선거의 결과에 대하여 기여한 정도에 있어서도 평등하여야 함(one vote, one value)을 의미한다.[57] 즉, 평등선거의 원칙은 투표의 수적 평등, 투표가치의 평등, 선거참여자의 기회균등, 차별적 선거구 획

57 헌재 2001. 10. 25. 2000헌마92.

정의 부정을 포함하는 개념이다. 특히 모든 선거구의 국민에게 투표가치의 평등을 보장하는 것은 헌법의 요청이며, 국민주권, 대의제 민주주의 등의 본질과 직결되는 문제일 뿐만 아니라, 인간의 존엄에 바탕을 둔 정치적 자기실현의 가장 중요한 요소이다.[58] 이러한 평등선거원칙과 관련하여 인터넷 선거에서는 중복투표의 방지가 중요하다. 이를 위해서는 유권자 개개인에게 별도의 인증키를 담은 패스워드를 배포하는 방식을 취해야 한다.

(3) 직접선거원칙과 인터넷 선거

직접선거원칙이란 선거인 스스로가 직접 대의기관(국회의원이나 대통령 등)을 선출할 것을 요구하는 원칙이다. 국회의원선거와 관련하여 보면, 국회의원의 선출이나 정당의 의석획득이 중간선거인이나 정당 등에 의하여 이루어지지 않고 선거권자의 의사에 따라 직접 이루어져야 함을 의미한다. 이러한 직접선거와 관련하여 인터넷 선거에서는 대리인이 유권자를 대신하여 투표하는 행위를 제한하는 특별한 기술적 장치가 필요하다.

인터넷 선거에 있어서 계속적인 장애물은 통신망에서 투표권자의 동일성을 확인하기 어렵다는 점이다. 이는 제3자가 투표권자를 대신하여 불법으로 투표하거나 자신의 투표결과를 변경하는 것을 충분히 가능하게 하였다. 따라서 직접선거원칙과 관련하여 제3자를 통한 영향력 행사나 개입을 배제하는 제도적 장치가 필요하다. 즉, 투표권한을 가지지 않은 제3자가 다른 사람의 선거에 개입하여 방해하는 것을 방지할 수 있는 시스템이 필요하다.

(4) 비밀선거원칙과 인터넷 선거

비밀선거원칙이란 공개선거에 대비되는 개념으로, 선거인이 어느 후보자에게 투표했는가를 비밀로 유지할 수 있어야 한다는 원칙으로서 이는 공개투표가 사회적 약자가 자유롭게 자신의 의사를 표출하는 것을 방해하거나 선거간섭·매수 등을 통한 선거의 자유분위기를 해치기 때문에 중요한 제도적 장치라 할 것이다.[59]

---

58 헌재 1995. 12. 27. 95헌마224, 239, 285, 373(병합).
59 허영, 한국헌법론, 박영사 2008, 745면.

인터넷 선거에 의할 경우 가족이나 제3자에게 투표결과가 노출될 수 있는 문제점이 있다. 또한 선거관리기관이나 다른 사인에 의해 투표결과를 역추적하여 그 투표권자를 알 수 있는 경우가 발생할 수 있다. 이러한 비밀선거원칙을 위한 제도적 장치로서 유권자 개인정보와 개개 유권자의 투표결과를 분리 처리하여, 개개 유권자의 투표결과를 추적할 수 없도록 차단하는 기술적 장치를 마련해야 한다.

(5) 자유선거원칙과 인터넷 선거

자유선거원칙이란 강제선거에 대비되는 개념으로, 선거인이 강제나 외부의 어떠한 간섭으로부터 자기의 선거권을 자유롭게 행사할 수 있어야 한다는 원칙이다. 자유선거원칙은 선거의 내용뿐만 아니라, 선거의 가부까지도 선거인의 임의로운 결정에 맡겨질 것을 요구하기 때문에, 선거의무를 헌법적 차원이 아닌 법률로 규정하는 것은 허용될 수 없다는 것이다.[60]

자유선거원칙은 '공개성 원칙'과 '중립적인 환경'을 요구한다. 부재자투표의 경우, 이를 가능케 하려면 특별한 전제조건을 충족하여야 한다. 왜냐하면, 투표지에서 투표행위 자체가 국가에 의해 통제되지 않는다면 자유선거와 비밀선거원칙이 침해될 수 있기 때문이다.[61] 이와 유사하게 투표지역 이외에서 인터넷 선거를 실시하려면, 선거인의 투표신청이 요구된다. 이는 선거의 공개성 원칙과 관련된 것이다. 선거인은 항상 투표지에서 선거할 기회만 주어져서는 안된다. 인터넷 선거는 투표지에서의 선거를 대체할 수 있다. 투표지에서의 선거와 마찬가지로 중립적이고 공정한 성격의 선거가 컴퓨터 영상을 통해 보장될 수 있고 보장되어야 한다. 이는 소수자 보호의 측면에서도 자유선거원칙이 관철되어야 하는 이유이다.

---

60 허영, 헌법이론과 헌법, 박영사, 2006, 966-967면.
61 BVerfGE 21, 200; BVerfGE 59, 116.

9. 인터넷 선거의 정착을 위한 방안 강구

(1) 투표자 신원확인 및 인증 방안

인터넷 선거의 기술적 문제들이 해소된다고 하더라도 가장 큰 걸림돌은 대리투표나 제3자의 개입 가능성이다. 이는 직접선거원칙에 위배되며, 전체 선거결과에 영향을 미치게 됨으로써 선거에 공정성 시비를 유발하게 된다. 또한 인터넷 선거에서는 투표자의 정확한 신원확인과 투표권자의 투표결과 송부의 신뢰성 문제가 중요하다. 과거에는 제3자가 불법적으로 선거권자를 대신하여 투표하거나 선거결과를 컴퓨터 프로그램으로 변경하는 것을 막지 못했다. 이를 위해 인터넷 선거에서 신원확인방안으로 전자서명법에 의한 전자서명을 이용하거나, 또는 본인 인증제를 활용할 수 있다. 인증을 위한 방법으로는 공인인증서나 신용카드 또는 모바일을 통한 인증 등이 있는데, 이 역시 투표행위를 통제할 수 없는 인터넷 선거의 특성상 본인이 고의로 또는 묵인으로 투표권을 매표하거나 타인이 대리투표하는 것을 방지하는데 한계가 있다.

독일의 경우 투표자 신원확인을 위한 제도적 장치를 갖추고 있다. 신원확인을 위한 방지책으로 변경가능한 핀(Pin)과 탄(Tan)[62]으로 대칭적인 암호를 사용함으로써 안전성 문제를 대비하였다.[63] 인증법은 인증을 위한 다양한 안전성 단계로 구분된다. 국가선거의 중요성 때문에 공인된 전자적 인증이라는 최상의 안전성 기준이 요구된다.[64] 이러한 전자적 인증은 자필서명과 동일한 효력이 부여된다.[65] 전자적 인증은 인증키와 인증검사키를 지닌 비대칭적 암호절차에 기초하여야 한다. 하나의 암호는 다른 암호와는 별개로 다시 해독되어야 한다.[66] 인증검사키는 오로지 하나의 자연인에게만 귀속되고, 그 사람의 정보가 인증되었는지 여부와 그 투표자료가 추후에 변경되었는지 여부를 확인할 수 있어야 한다.[67] 이러한 절차를 통해 공인인증기관이 인정한 공인인증서

62 Pin : 개인적 동일성 번호, Tan : 업무처리번호
63 Der Spiegel 12/99, S. 57.
64 독일 §2 SigG.
65 독일 §6 Ⅱ SigG 및 Art. 5 SigRL.
66 Geis, NJW 1997, S. 3000; Roßnagel NJW 1998, S. 3312.
67 Roßnagel NJW 2001, S. 1817.

에 의해 그 자연인이 동일인인지를 확인한다.[68] 공인인증서는 동일성이 확인되어야 하고,[69] 투표절차에서 그 진정성이 검사되어야 한다.[70]

(2) 비밀투표 보장 및 시스템 안전성을 위한 방안

본인임이 확인되고 본인이 직접 인터넷을 통해 투표하더라도 자가나 공개된 장소에서 이루어지기 때문에 지인이나 가족 등에게 투표결과가 공개되거나 투표행위가 인식될 수 있다. 또한 인터넷 선거에서 시스템의 안전성 문제가 유발될 수 있다. 따라서 선거인이 자신의 투표방식이 안전하게 전달되고 투표자의 의사가 진정하게 전달될 수 있다는 신념을 갖게 해야 한다. 이에 대한 현실적 장애물로는 인터넷을 통해 실시된 투표결과의 조작 가능성과 해킹의 위험이나 컴퓨터 바이러스의 확산의 위험 등이 있다.[71] 이는 인터넷 투표 시스템의 철저한 디지털 방화벽을 설치해 투표내용을 업체에서 해독하지 못하도록 해야 한다. 시스템 안정성 문제는 인터넷 투표 프로그램의 계속적인 계발변경이나 신종 바이러스를 퇴치할 수 있는 바이러스 퇴치 프로그램의 개발이 선행되어야 한다.[72]

(3) 시설적·공간적 투표가능 방안

인터넷 선거를 위하여 자가나 사적인 장소가 아니더라도, 인터넷 컴퓨터를 소지하지 않더라도 어디서나 투표할 수 있도록 공공장소나 일반인이 소통하는 곳에 투표할 수 있는 컴퓨터를 설치해야 한다. 국가가 시설 및 공간적 제약을 해소해야만 전자민주주의가 제대로 실현될 수 있다.

---

68 독일 §5 SigG.

69 독일 §5 I SigG.

70 O. R. Rüß, E-democracy – Demokratie und Wahlen im Internet, ZRP 2001, S. 520.

71 소프트웨어 삽입 공격은 어렵지 않게 투표 시스템에 오류를 일으키는 방법으로, 모든 유형의 전자 투표 기계들은 이 공격에 취약하다. 투표용지가 없는 DRE의 경우 병렬 테스트(parallel testing)가 소프트웨어 기반 공격뿐만 아니라 정밀 검사나 기타 테스트 동안 발견되지 않은 교묘한 소프트웨어 버그를 탐지하는데 도움이 될 수 있다(http://www.boannews.com/know_how/view.asp?page=1&gpage=1&idx=2374 &numm=2010&search=title&find=&kind=01&order=ref).

72 김재광, 인터넷투표의 법적 제문제, JURIST 2002. 7, 35면; 임지봉, 전자투표제도의 발달과 그 법적 문제점, JURIST 2002. 07, 30면.

(4) 정보격차의 최소화 방안

인터넷 매체를 이용할 능력이 없거나 인터넷 정보를 활용하지 못하는 사람들에게는 인터넷 선거가 보통선거원칙이나 평등선거원칙에 위반될 가능성이 높다. 인터넷 매체 활용가능자에게만 국한되는 선거제도는 정보격차를 유발하고 지식인과 기득권자의 지배를 위한 수단으로 전락할 수 있다. 따라서 선거인들에게 기존의 투표소에서의 투표와 인터넷 투표의 양자 중 선택하여 참여할 수 있게 한다면, 인터넷의 사용이 불가능한 선거인들에게 평등하게 선거할 기회가 부여될 수 있다. 또한 장애로 인해 컴퓨터 키보드나 마우스에 접근하지 못하는 사람들에 대해서는 음성지원 컴퓨터, 점자 컴퓨터, 음성인식장치, 스크린 확대기, 눈응시 시스템(Eye Gaze System) 등을 활용하여 다른 신체 부위를 통한 투표가능방안이 제공되어야 한다.[73]

73 김재광, 인터넷투표의 법적 제문제, 35면.

제 7 장

독일 선거제도의 도입 여부

CHAPTER

07 독일 선거제도의 도입 여부

Ⅰ. 서 론

선거에 있어서 중요한 목표 중 하나는 통치권의 민주적 정당성을 확보하는 것이라 할 수 있다. 이를 위해서는 선거인이 자유롭게 후보자를 선택할 조건이 확보되어야 하며, 선거인의 의사가 정확하게 반영되어야 한다. 따라서 선거제도에 있어서 선거인의 의사를 얼마나 정확히 반영하느냐는 그 성패를 판가름하는 열쇠이기도 하다.[1] 의석배분 방식에 있어서 선거인의 의사가 제대로 반영되느냐가 관건인데, 독일의 경우 돈트 식과 해어/니마이어 식의 양자에 대한 비판과 다른 대안이 모색되고 있다. 중요한 문제는 어떠한 의석배분 방식이 헌법이 요구하는 취지에 부합하며 선거권자의 진정한 의사를 반영하는 방식이냐를 판단하는 것이다. 여기서는 비례대표선거제에 있어서 의석배분 방식인 독일의 돈트 식, 해어/니마이어 식, 생라그/쉐퍼스 식을 살펴보고, 이러한 방식 중 과연 우리에게 타당한 배분방식이 무엇인지를 살펴보도록 한다.

먼저 독일의 선거제도의 연혁 및 특징을 개관해 보고(이하 Ⅱ), 이를 바탕으로 비례대표선거제에 있어서 의석배분절차상의 원칙 및 의석배분방식을 살펴보도록 한다(이하 Ⅲ). 마지막으로 독일 선거제도의 우리나라에 적용가능성

1 이와 같은 취지로는 정만희, 현행 선거법제의 문제점과 개선방안, 헌법과 통치구조, 법문사, 2003, 441면; 홍완식, 지역구도 타파를 위한 선거구제 개편에 관한 헌법적 쟁점, 공법학연구 제7권 제2호, 2006. 6, 26면.

과 공직선거법 개정시 비례대표선거제에 관한 규율에 대한 발전적인 대안을 제시하고자 한다(이하 Ⅳ).

Ⅱ. 독일 선거제도 개관

1. 독일 비례대표선거제의 연혁

1894년 5월 30일에 발포되어 1918년까지 효력이 유지된 명령에 의해 프로이센에 도입된 3등급 선거법(Dreiklassenwahlrecht)이 통용되었다. 선거권자는 자신의 납세액에 따라 3등급으로 나뉘어졌다. 이 당시 선거는 유권자들이 선거인단을 선출하는 간접선거였는데, 최상위 등급 유권자가 가지는 표의 비중은 차순위 등급에 속하는 유권자의 표 비중보다 매우 큰 가치를 지녔다.[2] 이러한 제도에 반대하여, 북독일 연맹 제국의회 선거에서 비스마르크는 보통, 직접 선거를 도입하였다. 이러한 선거원칙은 1871년 설립된 독일제국의 제국의회 선거에도 적용되었다(제국헌법 제20조 제1항). 만일 한 후보자가 과반수 득표를 획득하지 못할 경우 최다득표자 2인간의 결선투표가 이루어졌다. 1871년부터 1918년 사이에 독일제국 내에서는 397개의 선거구가 존재하였는데, 각 선거구는 1864년 인구 통계에 따라 주민 10만 명당 제국의회 의원 1명을 선출하도록 획정되었다. 연방의 주들은 각각 인구수에 비례하여 제국의회에 대표자를 선출하였다. 이 당시 특히 산업화로 인해 이루어진 인구 변동이 선거제도에 반영되지 않았고, 따라서 각 선거구의 유권자 수와 관련하여 심각한 문제가 발생하게 되었다. 예를 들면, 1890년 경 샤움부르크－리페 지역에서는 겨우 11,000 명당 의원 1명이 선출되었으며, 베를린 및 노르트라인 베스트팔렌 지역에서는 22만 명당 의원 1명이 선출되었다.[3]

그 후 1919년 8월 11일에 제정된 바이마르헌법 제17조에 보통, 평등, 직접, 비밀선거 조항을 규정하였고, 선거권자를 20세 이상의 남녀 시민으로 규

2 Vgl. Meyer/Anschütz, Staatsrecht, 7. Aufl. 1919, S. 352 f.; E. R. Huber, VerfGesch. Ⅲ, S. 49 ff., 85 ff.; Frotscher/Pieroth, Verfassungsgeschichte, 2. Aufl., 1999, 346 ff.

3 Frotscher/Pieroth, Verfassungsgeschichte, 2. Aufl., 400 ff.

정함으로써 처음으로 여성에게도 선거권이 부여되었다. 또한 바이마르 헌법은 제국의회, 주의회, 지방자치단체 선거에 모두 정당명부 비례대표제를 실시하도록 규정하였다. 바이마르헌법에 의해 비례대표제가 도입됨으로 인해 각 선거권의 결과가치를 균등하게 하는 것이 가능하였으나, 이는 다른 한편으로 군소정당의 난립이라는 부작용을 가져왔다.

바이마르공화국은 제국의회의 선거와 관련하여 전국을 35개의 대선거구로 나누고, 각 정당은 6만 표당 1석의 의석을 배분하도록 하였다. 이 경우 발생한 사표는 다시 2 내지 3선거구가 합쳐진 연합선거구에서 합산되어 다시 6만 표당 1석을 배분하였다. 또한 연합선거구에서 발생한 사표도 전국구로 합산되어 재차 6만 표당 1석의 의석이 배분되었다. 이러한 의석배분으로 인하여 바이마르 제국의회는 의원정수가 없었으며, 실제 총의석수도 회기마다 459석에서 647석으로 변화무쌍하였다. 이러한 정당명부 비례대표제는 소수정당의 의회진출을 용이하게 하여 정당의 난립을 초래하였다. 군소정당의 난립은 의회의 원내단체의 난립으로 이어지고, 다수당의 형성이 어려워져 결국 정국마비를 초래하여 바이마르공화국의 붕괴 원인의 하나가 되었다.[4]

2차 세계대전 후인 1948년에 서방 승전국 3개국 총리들은 독일에서 의회위원회(Parlamentarischer Rat)를 소집하였다. 1948년 9월 1일 구성된 의회 위원회는 서독 단독 정부를 위한 헌법과 선거법을 마련하려는 목적을 가졌다. 당시 의회 위원회 내에서 사민당(SPD)은 비례대표제를 주장하였고, 자민당(FDP)은 제국의회 시절과 같은 절대적 다수대표제를 주장하였으며, 기민당/기사당 연합(CDU/CSU)은 상대적 다수대표제를 주장하였다. 기민당/기사당 연합은 의회 위원회의 선거법 초안을 거부하였는데, 이 초안은 비례대표제를 원칙으로 하고 지역구 선거제를 가미한 것이었다. 1949년 6월 15일 승전국 총리 회담에서는 이 초안에 5% 저지규정(5% 이상 득표를 기록한 정당만 의회 진출 가능)을 도입하여 본질적인 변화를 주었다.

전후 독일의 선거제도의 기본적인 목표는 의회내 정당의 난립을 막고 안정적인 정부를 구성하는 데 있었다. 이와 관련하여 제도적으로 중요한 변화를 거쳐 정착한 제도가 비례의석 배분을 위한 연방차원의 5% 제한조건과 1인 선

---

4 Woyke, 1996, S. 48 f.; Deutscher Bundestag, 1994, S. 204-250.

거구 3석 보완제도이다. 1949년 당시 독일선거제도는 지금과 달리 1인 1표제였으며, 전체의석의 40%에 해당하는 정당명부의석은 한 주(Land) 이상에서 5% 이상의 득표를 하거나, 또는 한명 이상의 지역구 후보가 당선된 정당에게 의석을 배분하였다. 이에 따라 36개의 군소정당이 의회에 쉽게 진출할 수 있어 1949년 선거당시 5% 이하 밖에 득표하지 못했던 정당 가운데 총 6개 정당이 연방의회에 진출하였다.[5] 이렇게 주(Land)단위의 제한조건은 군소정당의 난립뿐만 아니라 비록 낮은 수준이나마 전국적으로 고르게 득표한 이념적·정책적 정당을 약화시키고 특정 지역에 기반한 지역정당이 의회에 쉽게 진출할 수 있는 기회를 제공하였다.

이에 따라 독일에서는 1953년에 명부득표수에 따른 의석배분의 최소조건인 득표율 5%를 주(州) 차원에서 연방차원으로 확대·강화시켰다. 또한 1956년에는 직선후보 1석 보완제도를 3석으로 상향조정한다. 이렇게 의석배분의 조건이 상향조정됨으로써 소수정당은 의회진출이 훨씬 어려워지고, 이에 따라 독일정당체제는 급속하게 집중화되어갔다. 즉 1949년 당시 총 10개 정당이 연방의회에 진출할 수 있었던 반면, 1953년 6개 정당, 1957년 4개 정당, 그리고 1987년 녹색당이 연방의회에 진출하기까지 3개 정당만이 연방의회에 진출할 수 있었다. 결국 1950년대에 이루어진 독일의 선거제도 개혁은 군소정당의 난립을 막고 정당체계의 안정성 및 독일정치의 안정성과 효율성을 증대시켰다.

한편 현재 연방의회의원선거에서 사용하는 비례대표제 의석배분방식은 해어/니마이어 방식이다. 독일의 연방하원의원 의석배분이 돈트(d'Hondt)식에서 해어/니마이어(Hare/Niemeyer) 식으로 대체된 것은 제7차 연방하원 선거법이 개정된 1987년이며, 1987년 제11대 연방하원의원 선거부터 해어/니마이어 방식에 의해 연방하원 의석이 배분되고 있다.

2. 현행 독일 선거제도의 내용

독일기본법은 모든 국가권력은 국민으로부터 형성됨을 명시하고 있다.[6]

5 김영태, 독일연방의회 선거체계의 제도적 효과, 국제정치논총 제41집 제3호, 2001, 288면 참조.
6 Art. 20 Abs. 2 GG.

이는 모든 국가권력은 국민에 의해 선거를 통해 선출·구성된 연방의회(Bundestag)에 의해 행사되어야 한다는 것이다.[7] 여기서의 연방의회는 선출된 의원들로 구성된 의회적 대의기관을 형성하는 주체가 되는 것이다.[8]

현행 독일기본법은 제38조에서 과거 바이마르 공화국헌법과는 달리 연방의회의원의 선거에 관해 보통·직접·자유·평등·비밀선거 등의 기본적인 대원칙만을 규정하고 있을 뿐, 선거제도(Wahlssystem)에 관한 구체적인 사항에 대해서는 연방선거법에 일임하고 있다.[9] 따라서 이하에서는 구체적으로 독일연방선거법에 근거한 상대다수대표제와 비례대표제, 저지규정제, 의석배분방법 등을 중심으로 살펴보기로 한다.

(1) 상대다수대표제 및 비례대표제

현행 독일기본법상 연방의회의 구성과 관련하여, 법정 의원총원은 598명[10]으로써 이중에서 절반인 299명은 전국의 299개의 지역선거구에서 실시하는 이른바 인물을 중심으로 한 소선거구제 상대다수대표선거(relatives Mehrheitswahlsystem)에 의해서 선출되고, 나머지 동수인 299명의 연방의회의원은 각 정당이 주 단위로 작성한 전국구후보자 명단에 따라 선출된다.[11] 즉 현행 독일의 연방의회의원선거는 인물을 중심으로 한 소선거구의 상대다수대표제와 함께, 정당을 중심으로 한 각각의 주(Land) 단위로 작성된 정당명부에 입각한 비례대표제(Verhältniswahlsystem)의 연계적인 선거제도이다. 따라서 독일연방의회선거에 있어서 독일의 모든 선거권자는 본질적으로 1인 2표를 행사하게 되는

---

7 Vgl. H.-D. Horn, Über den Grundsatz der Gewaltenteilung in Deutschland und Europa, in: JÖR, 49 (2001), S. 287 (291); H. H. Klein, Aufgaben des Bundestages, in: HStR, Bd. 2, 2. Aufl. 1998, § 40 Rn. 1 f.; L. Kissler, Der Deutsche Bundestag, in: JÖR, 26 (1977), S. 39 (50, 57 f.).

8 Vgl. K. Stern, Das Staatsrecht der Bundesrepublik Deutschland, Bd. 2, 1980, S. 41; H.-D. Horn, Mehr Demokratie ohne Repräsentation? Wenn das Volk selbst entscheidet, in: Die politische Meinung, 2001. S. 59 (63); H. Maurer, Staatsrecht I, S. 406 f.; L. Kissler, Der Deutsche Bundestag, in: JÖR, 26 (1977), S. 39 (53 f.).

9 Vgl. W. Berg, Staatsrecht, 3. Aufl., 2001, Rn. 198.; R. Zippelius, Allgemeine Staatslehre, 12. Aufl., S. 191 ff.

10 그 동안 독일연방의원정수는 몇 차례의 변화가 있었다. 즉 1949년과 1953년 총선에서는 400명, 그리고 1956년과 1961년 및 1985년에는 494명, 그리고 통독이후인 1990년 이후에는 대폭 늘어난 656명을 그리고 2002년 이후 현재까지는 598명을 정수로 정하고 있다.

11 §1, 4, 5, 6 BWG.

것이다.[12]

이와 같은 독일의 혼합식 선거제도는 결과적으로 소선거구제가 가지는 맹점인 사표문제를 보다 긍정적으로 해소할 수 있는 여지를 넓힘과 동시에, 전문성을 가진 인물들의 의회진출의 기회를 높이는 데에 긍정적인 기여를 한다고 볼 수 있다. 아울러 안정적이고 강력한 정당구조를 전제한 제도로서 궁극적으로는 특정 인물에 따른 이합집산의 가능성을 최소화할 수 있는 것이다.

(2) 저지규정제

전후 독일의 선거제도의 제1차적 목표는 의회내 정당의 난립을 방지하고 안정적인 정부를 구성하는 데 있었다. 이러한 목표를 달성하기 위한 법적 수단으로 규정한 것이 비례대표 의석배분에 있어서 연방차원의 5% 제한조건과 지역구 선거에서 3석 이상의 요건이다.

일반적으로 '저지규정'(Sperrklausel)이란, 의회에 진입하여 정당으로서의 최소한의 제 역할을 할 수 없다고 판단되는 이른바, 소수정당의 의회진입 자체를 저지하기 위한 것으로서, 이와 같은 저지규정을 통하여 결과적으로는 의회내의 소수정당의 난립을 사전에 방지함으로써 보다 더 안정적인 의회운영을 도모할 수 있는 것이다. 현행 독일연방선거법은 전국을 단위로 전체유효투표의 5% 이상을 얻었거나 또는 지역구에서 적어도 3명 이상의 당선자를 낸 정당만을 비례대표의 의석배분에 참여할 수 있게 하고 있다.[13]

현행 독일연방선거법상 저지규정 역시 선거에서 일정 수 이상의 득표율을 올렸거나 또는 지역구에서 일정 수 이상의 당선자를 낸 정당에게만 의석배분에 참여하게 함으로써, 결과적으로 "군소정당"[14]의 난립을 억제함과 동시에 다수세력의 형성을 촉진시켜 오늘날의 독일의원내각제의 안정과 성공에 매우 긍정적인 기여를 하였다고 볼 수 있을 것이다.[15] 그러나 이와 관련하여 기본법

---

12 §4 BWG.; vgl. W. Berg, Staatsrecht, Rn. 192 ff.; R. Zippelius, Allgemeine Staatslehre, S. 194 ff.

13 §6 Abs. 6 BWG.

14 1949년의 독일총선에는 무려 36개의 정당들이 등장했지만, 1990년에 선출된 연방의회에는 4개의 정당만이 연방의회에 진출했다. 이는 군소정당의 난립을 막기 위해 1953년에 도입되고 1957년에 강화된 소위 5%-조항 때문이다.

15 Vgl. H. Maurer, Staatsrecht I, S. 407.; K.-O. Zimmer, Nochmals: Zur verfassungsnaeheren Gestaltung der 5%-Klausel, in: DÖV, 1985, S. 101 (102).; M. Morlok, in: H. Dreier, GGK, Bd. 2, 1998, Art. 38 Rn.

제38조에 근거한 평등선거의 원칙과 기본법 제21조에 근거한 정당설립의 자유를 침해할 가능성이 클 뿐만 아니라, 궁극적으로는 비례대표제의 본질마저도 훼손할 수 있다는 등의 비판이 있다.

(3) 후보자 선출

독일 연방의회의원선거에 있어서의 후보자 선출과 관련하여 우선 지역선거구후보자의 경우에는 연방의회의원의 임기가 시작된 후 32개월이 지난 이후에 결정하게 되며,[16] 이와 같은 지역구후보자 결정과 관련한 대표회의 역시 연방의회의원의 임기가 시작된 이후 빨라도 29개월이 지난 이후에 구성하게 된다.[17] 그리고 이 경우 지역구당원총회(Mitgliederversammlung)와 대표자회의(Vertreterversammlung)에서 1명의 지역구 후보자를 결정하게 된다.[18] 물론 여기서의 후보자의 결정을 위한 방식은 기본적으로 비밀투표에 의하며,[19] 동시에 중앙당차원에서의 추천이나 선출은 배제된다.

그리고 연방선거법 제18조 제2항에 해당하는 정당, 즉 최근의 연방의회나 주의회 의원선거에서 지속적으로 최소한 5명이상의 의원을 후보자추천을 통해 확보하지 못한 정당의 후보자 추천일 경우에는 당해 선거권자 200인 이상의 자필서명에 근거한 추천이 필요하다.[20]

다음으로 비례대표와 관련한 각주별 정당후보자 명부는 당연히 개별정당에 의해 작성·제출되어진다.[21] 그리고 연방선거법 제18조 제2항에 해당하는 신생 내지 소수정당의 경우에는 추가적으로 최근 연방의회선거를 기준으로 한 당해 주 선거권자 총수의 1000분의 1이상, 선거권자 최고 2000명이내의 서명을 첨부하여야 한다.[22] 바로 이와 같은 조건으로 인해 독일의 경우 사실상 선거시기에 새롭게 진출하려는 신생소수정당들의 경우 선거에 참여하는 첫

104.; W. Schreiber, Kommentar zum BWG, §6 Rn. 17 ff.

16 §21 Abs. 3 Satz 4 BWG.

17 §21 Abs. 3 Satz 4 BWG.

18 §18 Abs. 5, §21 Abs. 1 BWG.

19 §21 Abs. 3 Satz 1 BWG.

20 §20 Abs. 2 BWG.

21 §27 Abs. 1 Satz 1 BWG.

22 §27 Abs. 1 Satz 2 BWG.

관문이라고 할 수 있는 후보자선출 단계에서부터 상당한 제약을 받게 된다.

위와 같은 선거에 있어서의 입후보자 선출과 관련하여 독일연방선거법은 특히 후보자에게 지역선거구와 정당명부에 따른 비례대표선거에 동시에 입후보하는 이른바, "중복입후보제(Doppelkandidatur)"에 대한 제한을 두고 있지 않다. 따라서 지역구나 비례대표로 동시에 입후보한 경우에 어느 한쪽에서 낙선한 경우에도 다른 한쪽의 당선으로 의회에 진출할 수 있기 때문에 결과적으로 전문적이고 유능한 정치인의 정치적 사장을 예방할 수 있는 장점 역시 있다 할 것이다.

(4) 의원직 승계와 유지

독일연방선거법상 연방의원으로 당선된 후보자가 사망하거나 당선수락을 거부할 경우 또는 당선 후에 연방의회에서의 제명 등 사고의 경우에는 그 의석은 당해 연방의회 선거 당시 그 정당의 주후보자명부로부터 다음 순위에 오른 후보자가 승계하게 된다.[23] 이는 결과적으로 재선거에 따른 정치적 불안정과 경제적 부담을 사전에 방지할 수 있다.

그리고 또한 독일의 경우 주별 정당명부에 따른 비례대표의원의 경우에도 일반적인 당적이탈 내지 변경이 허용된다 할 것으로서 이 경우에도 의원직의 유지는 당연히 인정된다.[24]

3. 독일 연방의회의 구체적 의석배분방법

최다득표자만을 선출하는 독일 제국시대의 다수대표제와 바이마르 공화국시대의 정당비례대표제의 문제점을 극복하기 위해 1949년 연방선거법에서 "독일 연방의회 의원은 '인물화된 비례대표제'(personalized proportional system)라는 원칙에 따라 선출된다"(연방선거법 제1조 제1항)고 규정하였다. "인물화된 비례대표제"란 의회의석의 일정수를 지역구에 출마한 후보들 가운데 상대다수를 득표한 후보를 선출하는 다수제와 유권자들이 주별 정당 비례대표제에

---

23 § 48 Abs. 1 BWG.

24 Vgl. Konrad, Hesse, Grundzüge des Verfassungsrechts der Bundesrepublik Deutschland, 1999, S. 256 f.

투표하여, 정당득표율을 기준으로 의석을 배분하는 비례대표제를 결합한 제도이다.[25] 즉, 단순다수제와 비례대표제를 혼합하고 있는 선거제도이다.[26] 독일 연방의회선거제의 특징으로 하나는 다수대표제와 비례대표제 중 비례대표제에 해당한다는 것이고, 다른 하나는 비례대표제를 근간으로 하면서도 소선거구 단순다수제의 장점을 살리고 있다는 것이다. 이렇게 "인물화된 비례대표제"로 지칭되는 선거제도의 특징을 현행 독일 연방의회의 의석배정과정을 중심으로 설명하면 다음과 같다.

첫째, 선거권자는 상대다수선거제에 따라 소선거구에서 지역구 후보(299명)에게 직접 투표하는 '제1투표'와 함께 주 단위의 정당명부식 비례대표후보에게 투표하는 '제2투표'를 할 수 있다. 즉 1인 2표제이다. 여기서 정당명부는 주(Land) 단위로 작성하게 되며, 정당명부의 순위에 있어서 선거권자의 선호도가 반영되지 않고 정당에 의해 정당명부의 순위가 결정되는 '폐쇄형 명부제'를 취하고 있다. 선거권자는 제2투표로 투표한 정당과 다른 정당에 속한 지역구 후보자에게 제1투표를 행사할 수 있으므로, 제1투표와 제2투표는 결과에 있어서 서로 일치하지 않을 수도 있다.

둘째, 의석배분의 기준은 정당의 '제2투표' 득표수이며, '제1투표'는 원칙적으로 정당의 의석수와 무관하다. 이 경우 정당별 의석배분은 해어/니마이어 방식에 따라 이루어지며, 득표율에 따르는 정당별 의석배분에 참여하기 위해서는 연방차원의 '제2투표'에서 5% 이상의 득표를 하거나, 또는 단순다수제로 선출되는 지역구 후보 중 3명 이상이 선출되어야 한다(의석배분 제한조건인 '저지규정').

독일 연방의회의원선거의 의석배분방법을 구체적인 예를 들어 살펴보기로 한다. 구체적으로 보면, 유효투표수의 5% 이상을 획득하거나 또는 지역선거구에서 최소 3명 이상의 당선자를 낸 정당은 이른바, 의석배분의 제한조건을 통과한 정당으로서 의석배분에 참여할 수 있게 된다.[27] 따라서 정당별 연방

---

25 D. Nohlen, Wahlrecht und Parteiensystem, 1986, S. 113.

26 김욱, 독일 연방의회 선거제도가 한국의 선거제도 개혁에 주는 시사점, 세계지역연구논총 제24집 제3호, 56면 이하.

27 여기서 의석배분의 기준이 되는 전체 의석총수는 저지규정을 통과하지 못한 소수정당이 지역구에서 이미 획득한 의석수를 제외한 수이다. 따라서 법정 총의석수가 600석일 경우 저지규정을 통과하지 못

하원 의석수의 결정과 관련하여 A 정당의 경우를 살펴보면, 전체 배분의석이 600석이고 A 정당이 제2투표(Zweitstimme)에서 15,000,000표를 획득하였으며, 당해 선거에서의 전체 정당의 총득표수가 45,000,000표면 A 정당은 199명(15,000,000/45,000,000×600=199)을 배정 받게 된다. 그 다음으로 A 정당의 주(Land)별 의석배분을 보면, 즉 A 정당은 제1투표(Erststimme)인 소선거구다수대표제를 통해 선출된 지역구의석수를 제외한 나머지 의석을 주(Land)별 정당명부의 순위에 따라 배정받게 되는데, 예를 들어 A 정당이 N주(Land)의 제2투표에서 1,500,000표를 획득하였다면 1,500,000표/15,000,000표(A 정당의 제2투표 총득표수)×199(A 정당의 총 배정의석수)=19.9명이 된다. 그리고 여기서 A 정당이 N주(Land)에서 소선거구 다수대표로 총 10명을 당선시켰다면 이 10명의 확정과 동시에 나머지 9명이 추가적으로 A 정당의 정당명부를 통해 당선이 확정되게 되는 것이다.[28]

2009년 연방의회선거의 '제2투표'에서 11,824,794표를 얻은 기민당(CDU)은 배분의석 598석 가운데 173석(기민당 득표수 11,824,794×598석÷의석배분 5개 정당 총 득표수 40,751,951=173.519)을 배정받았다. 이 때 의석배정은 계산결과의 정수부분만을 먼저 고려하여 이루어지며, 나머지 잔여의석은 최대잔여제에 따라 소수점이하가 큰 순서대로 1석씩 각 정당에 배분된다. 그리고 이와 더불어 기민당(CDU)의 초과의석은 21석이어서 총 194석이 되었다.

셋째, 정당별 연방하원 의석수가 결정되면 해어/니마이어 방식에 따라 정당별 주 단위의 당선자수를 결정하고, 정당의 주별 총 배정의석에서 '제1투표'를 통해 당선된 지역구 당선자 수를 제외한 나머지 의석을 권역별 폐쇄형 명부의 순위에 따라 배정한다. 결국 제1투표는 정당의 의석수와는 무관하지만, 누가 의회에 진출할 것인가를 결정하는데 우선적인 고려사항으로 활용된다. 예컨대 2009년 연방의회선거에서 194석을 배정받은 기민당(CDU)은 작센(Sachsen) 주(州) '제2투표'에서 800,848표를 획득하였다. 따라서 작센 주(州)의 기민당 총

한 즉, 5%미만에 지역구에서 2석을 확보한 정당이 있을 경우 이 수를 제한 598석을 기준 전체의석으로 산정하여 계산하게 되는 것이다.

28 물론 여기서의 계산은 편의상 정수부분만을 전제로 한 것이다. 따라서 Hare/Niemeyer 식 계산방법에 의거하여 나머지 잔여의석은 최대잔여제에 따라서 소수점 이하가 큰 순서대로 추가적으로 배분하게 되며, 소수점 이하가 동일할 경우에는 연방선거관리위원회의 추첨으로 최종 결정하게 된다.

의석수는 해어/니마이어식 계산방식(기민당 작센 주(州) '제2투표' 득표수 800,848×기민당 총 배정의석 194÷기민당 '제2투표' 총득표수 11,824,794=11.717)에 따라 11.7석이 된다. 이러한 주별 정당의 의석수 확정과정에서도 계산결과의 정수 부분만을 먼저 고려하며, 나머지 잔여의석은 최대잔여제에 따라 소수점 이하가 큰 순서대로 1석씩 각 주에 배분된다. 결국 작센 주(州)의 기민당 총의석수는 12석이 된다. 한편 기민당은 작센 주(州)의 1인 소선거구 가운데 16개 지역구에서 '제1투표'를 최다 득표하는 기록을 세웠다. 따라서 소선거구에 출마한 기민당 후보 16명이 당선자로 확정되었다.

넷째, '제1투표'를 통해 지역구에서 승리한 의석수가 해당 정당의 주명부에 의한 배정의석을 초과하는 경우 지역구 의석이 우선적으로 배정되기에 이 초과된 수만큼의 '초과의석'(Überhangmandate)이 발생하게 된다. 이에 따라 연방하원의 의석은 명목적으로 598석으로 규정되어 있지만, 실제 연방의회 총의석수는 변동할 수 있다.

예를 들어 기민당(CDU)은 2009년 작센(Sachsen) 주(州)에서 "제2투표"로 총 800,848표를 득표했으며, '제1투표' 결과 16개의 지역구에서 승리하였다. 따라서 "제2투표"를 통해 작센 주(州)에 배정된 기민당의 비례대표의석 총수는 12석(800,848×173÷11,824,794=11.7)이지만, 이 경우 16명의 지역구 당선자를 모두 인정하여 기민당의 의석은 12석이 아닌 16석으로 확정되었다. 이렇게 "제2투표"에 의해 배분된 의석에 비해 추가적으로 배정된 의석을 이른바 '초과의석'이라 부른다. 2009년 선거의 경우 기민당이 7개 주에서 총 21석의 초과의석을, 그리고 기사당이 바이어른 주(州)에서 3석의 초과의석을 배정받았다. 결국 2009년 선거후 구성된 독일연방의회의 총의석 수는 명시적으로 규정된 598석보다 24석이 더 많은 622석으로 증가하였다.

다섯째, 독일연방의회선거에는 폐쇄형 명부에 등재된 비례대표후보가 지역구 후보로도 출마할 수 있으며, 이에 따라 비례대표후보로 등재된 지역구후보자가 지역구 선거에서 낙선하더라도 정당명부를 통해 비례대표로 당선될 수 있다. 또한 독일 연방의회 의원에 공백이 생기게 되면 정당명부상 다음 순서의 후보가 자동적으로 의원직을 승계한다. 지역선거구에서 직접 선출된 지역구 후보자는 정당명부에서 고려되지 않지만, 지역선거구에서 낙선한 후보자는 정당명부에 기재된 경우, 정당명부에서 고려된다. 당선된 지역구 후보자가 사망 또는 사퇴할 경우, 후임자결정은 소속정당의 정당명부의 순위에 의한다.

Ⅲ. 비례대표선거제에 있어서 의석배분원칙과 의석배분방식

1. 비례대표선거제에 있어서 의석배분원칙

(1) 이상적인 기준 준수 원칙

이상적인 기준 준수 원칙이란 국회의원 의석 총수에 비례하여 비례대표의 정당명부상 일정 몫에 상응하게 소수점 이하의 수를 버리거나 올렸을 경우, 비례대표의 정당명부상 국회의원 의석이 많아지거나 적어지는 배분이 되어서는 안된다는 원칙을 의미한다.[29]

예를 들면, 유효득표총수가 30,000표인데, A 정당이 총12,000표를 획득했다고 가정하면, A 정당은 8×12,000÷30,000을 하면 3.2석이 된다. 이 경우 이상적인 의석배분은 비례대표의 정당명부의 배분절차상 소수점 이하를 버려 3석으로 배분하거나 소수점 이하의 수가 정당 중 가장 큰 경우 1석을 추가하여 4석으로 배분하는 것이다.

(2) 모든 투표의 평등한 결과가치 원칙

헌법적으로 요청되는 평등선거의 원칙이라는 관점하에서, 모든 선거권자의 투표는 평등한 결과가치를 지녀야 한다.[30] 국회의원의 선거에 있어서 중요한 원칙은 비례대표선거에 투표한 국민의 의사를 정확히 반영하여야 하며 유권자 개개인의 투표의 결과가치가 평등하게 반영되어야 한다는 원칙이다. 평등한 결과가치를 실현하기 위한 전제조건으로 평등한 결과가치의 기회가 제공되어야 한다. 이는 각 선거구간의 선거인구의 비례성이 충족되어야 한다.[31]

---

29 BVerfGE 80, 188 (222); BVerfGE 84, 304 (323).

30 Vgl. Meyer, Wahlsystem und Verfassungsordnung, 1973, S. 113 ff., 120 ff., 134 ff.; Mager/Uerpmann, DVBl. 1995, S. 273 (275); v. Münch, in: v. Münch/Kunig, GG, 3. Aufl., Bd. 2, 1995, Rn. 52 zu Art. 38 GG.

31 Chr. Lenz, Die Wahlrechtsgleichheit und das Bundesverfassungsgericht, AöR 121, 1996, S. 355.

(3) 대표성 원칙

다수결원칙은 중요한 민주주의 원칙으로 여겨진다.[32] 각 정당이 선거에서 획득한 득표율이 얼마나 의회에서 차지하는 의석의 비율과 일치하느냐가 선거제도를 평가하는 중요한 관건이 된다. 즉 의회에서 차지하는 정당의 의석율과 득표율이 일치하면 일치할수록 그 선거제도는 공정하고 민주적이라 할 수 있다.[33] 일반적으로 선거제도가 득표수의 증대가 의석의 감소라는 결과를 초래해서는 안되며, 마찬가지로 득표수의 감소가 의석의 증대를 가져오는 결과를 초래해서는 안된다. 즉, 의석수는 득표수에 상응하게 배분되어야 한다. 이러한 원칙을 '대표성 원칙'이라 할 수 있다.[34]

비례대표제나 혹은 독일식의 '인물화된 비례대표제' 국가에서 정치적 안정성과 효율성이 높게 나타난 것은 권력분산형의 합의제 민주주의가 발전해 있기 때문인 것으로 여겨진다. 즉 합의제 민주주의에서는 대화와 타협을 통한 협상과정에서 정부의 정책결정과 집행을 위한 자원의 동원력이 최대화되고, 정책결정이 일방적이지 않기 때문에 효율성이 높아질 뿐만 아니라 정부의 안정성도 향상될 수 있는 것이다. 따라서 국민의 득표율이 그대로 의석수에 반영되는 전제하에서 합의제 민주주의를 발전시킬 수 있다.

(4) 논리적 모순 방지 원칙

비례대표 선거절차에서 의석배분시 총의석수의 증감으로 인해 예상되었던 의석수가 변동되거나 잔여의석의 배분에 있어서 의석수의 변동이 야기될 때, 기대하지 않았던 의석의 이동으로 비례성의 모순이 일어날 수 있다. 이러한 모순은 종종 '해어/니마이어 식'에 의할 경우 발생할 수 있다. 이러한 득표율의 비례성에 반하는 의석배분은 방지되어야 한다는 원칙을 의미한다.[35]

---

32 BVerfGE 1, 299 (315); BVerfGE 5, 85 (231 f.); BVerfGE 29, 154 (165).

33 D. Matzick, Das Verfahren der geringsten relativen Abweichung, LKV 2005, S. 243.

34 Vgl. Frowein, Rechtsgutachten zu der Vereinbarkeit der Verhältniswahl in kleinen Wahlkreisen mit dem Grundgesetz, 1968, S. 8; Nohlen, Wahlrecht und Parteiensystem, 2. Aufl., 1990, S. 101 f.

35 D. Matzick, Das Verfahren der geringsten relativen Abweichung, LKV 2005, S. 243.

(5) 군소정당 또는 대정당에 대한 편향적인 우대 방지 원칙

비례대표 의석배분방식에 있어서 군소정당이나 대정당에 우대적인 방식은 여러 가지 단점을 지니고 있다. 대정당에 우대적인 방식은 소수자보호라는 취지를 훼손시킨다. 반대로 군소정당에 우대적인 방식은 정치세력의 분열을 초래하여 정부의 기능력을 약화시킨다. 따라서 군소정당이나 대정당에게 편향적이고 우대적인 의석배분이 되지 않아야 한다는 원칙을 말한다.

2. 비례대표선거제에 있어서 의석배분방식

비례대표 투표결과의 계산방식은 그 수적 결과를 정리하여 마무리하는 방식에 따라 구분된다. 수학적으로 쿼터방식(Quotenverfahren)과 제수방식(Divisorverfahren)으로 구분할 수 있다. 제수방식에는 득표수와 의석수의 관계에 있어서 득표결과에 상응하도록 전체의석수를 결정하는 '돈트(d'Hondt) 식'과 생라그/쉐퍼스(Sainte−Laguë/Schepers) 식이 있다. 반면, 쿼터방식에는 이른바 쿼터(득표수/총 유효득표수)로 계산하는 '해어/니마이어(Hare/Niemeyer) 식'이 있다.

(1) 돈트 식

돈트 식은 벨기에의 수학자인 Victor d'Hondt에 의해 창안된 계산방법으로서, 각각의 정당 득표수를 1, 2, 3 …의 제수로 순차적으로 나눈 다음 이들 각각의 몫을 구한 후, 그 몫의 수치가 큰 숫자부터 의석을 배분해 나가는 방법이다. 즉, 돈트 식은 나눔수열의 최고수에 따라 순차적으로 배분하는 방식으로서, 득표수를 돈트 분모수열에 의해 나눈 후, 그 몫의 크기를 비교해 큰 순서대로 의석을 배분한다. 예를 들면, 총의석 10석을 선출하는 선거에서 총 투표자수가 12,000표일 경우, A 정당이 6,100표, B 정당이 5,000표, C 정당이 900표를 획득했다고 가정하면, 각각의 정당의 득표수를 1, 2, 3식으로 순차적으로 나누면 다음과 같은 나눔수열이 생긴다. A 정당은 ①, ③, ⑤, ⑦, ⑨, ⑩ 순위로 6의석이, B 정당은 ②, ④, ⑥, ⑧ 순위로 4의석이 배분되고, C 정당은 의석을 배분할 수 없게 된다.

정당	A 정당	B 정당	C 정당
득표수	6100	5000	900
1	6100 ①	5000 ②	900
2	3050 ③	2500 ④	450
3	2033 ⑤	1667 ⑥	300
4	1525 ⑦	1250 ⑧	225
5	1220 ⑨	1000	180
6	1017 ⑩	833	150
의석수	6	4	0

돈트 식에 의해 의석배분을 하게 되면, 각 정당의 몫이 차례대로 배분이 되지 않는 경우가 발생할 수 있음으로, 실제적으로는 득표율에 정비례하는 의석배분의 달성이 어렵다는 것이 일반적인 견해이다. 또한 돈트 식에 의해 의석배분을 하게 되면, 대정당에게 유리하고 군소정당에게 불리한 의석배분의 결과가 된다.

(2) 해어/니마이어 식

해어/니마이어 식[36]은 영국의 Thomas Hare와 독일의 수학자 Niemeyer에 의해서 창안된 계산방법으로서, 각 정당의 득표수를 전체의석수와 곱한 숫자를 다시 전체유효투표수로 나누어서 각 정당의 몫을 구한 후, 그 몫의 자연수에 해당하는 만큼 각 정당에게 의석을 배분하게 되며, 이 경우 만약에 남는 의석이 발생할 때에는 기존에 계산한 몫의 소수점 이하 숫자의 크기 순서에 따라(예를 들어, A 정당이 8.23이고 C 정당이 4.67 일 경우 나머지 의석의 우선순위는 C 정당이 되는 것이다) 나머지의 의석을 순차적으로 배분하는 방법이다.

예를 들면, 총의석 10석을 선출하는 선거에서 총 투표자수가 12,000표일 경우, A 정당이 6,100표, B 정당이 5,000표, C 정당이 900표를 획득했다고 가

36 해어/니마이어 방식은 투표수 배분을 통한 의석수 배분방식인 해어 방식과 수학적 비례계산법을 통한 의석배분방식인 니마이어 방식을 합친 것이다. 해어 방식과 니마이어 방식의 계산 결과가 동일하기 때문에 일반적으로 해어/니마이어 방식이라고 한다(Woyke, 1996, S. 36 ff.).

정하면, A 정당은 10×6,100÷12,000을 하면 5.08이 되고, B 정당은 10×5,000÷12,000을 하면 4.16이 나오며, C 정당은 10×900÷12,000을 하면 0.75가 된다. 이 경우 A 정당은 5석, B 정당은 4석, C 정당은 0석을 차지하게 되고, 나머지 1석은 소수점 이하의 수를 비교했을 때 가장 많은 사표를 얻은 정당부터 배분하게 된다. 따라서 소수점 이하의 수가 가장 큰 C 정당이 1석을 차지하게 된다.

정당	A 정당	B 정당	C 정당
득표수	6100	5000	900
(총의석수×특정 정당 득표수)÷(유효득표총수)	10×6,100÷12,000	10×5,000÷12,000	10×900÷12,000
	5.08	4.16	0.75
의석수	5	4	1

해어/니마이어 식에 관한 또 다른 예를 들면, 20명의 의원을 선출하는 선거에 있어서 선거인 2만 명의 유효투표 중에서 A 정당이 8,230표, B 정당이 7,100표, C 정당이 4,670표를 획득하였을 경우의 예를 들어보면 다음과 같다. A 정당은 8,230/20000×20=8.23이 나오고, B 정당은 7,100/20000×20=7.10이며, C 정당은 4,670/20000×20=4.67이다. 결국 A 정당은 8석, B 정당은 7석, C 정당은 4석을 차지하고, 나머지 1석은 소수점 이하의 수를 비교했을 때 가장 많은 사표를 얻은 정당부터 배분하게 된다. 따라서 소수점 이하의 수가 가장 큰 C 정당이 1석을 차지하게 된다. 따라서 총 20명의 의원선출일 경우에 각각 A 정당이 8석 B 정당이 7석 C 정당이 5석을 차지하게 된다.

(3) 생라그/쉐퍼스(Sainte-Laguë/Schepers) 식

생라그/쉐퍼스(Sainte-Laguë/Schepers) 식은 나눔제수방식에 의해 의석을 배분하는 방식으로, 각각의 정당 득표수를 0.5, 1.5, 2.5, … 2n−1/2의 제수로 순차적으로 나눈 다음 이들 각각의 몫을 구한 후, 그 몫의 수치가 큰 숫자부터 의석을 배분해 나가는 방식이다. 즉, 정당의 득표수를 2/1, 2/3, 2/5, 2/7, 2/9 … 로 나누어 나눔수열의 최고수에 따라 순차적으로 배분하는 방식이다.

	A 정당	B 정당	C 정당
득표수	6,100	5,000	900
1	12,200 ①	10,000 ②	1,800 ⑦
2	4,067 ③	3,333 ④	600
3	2,440 ⑤	2,000 ⑥	360
4	1,743 ⑧	1,429 ⑨	257
5	1,356 ⑩	1,111	200
6	1,109	909	164
의석수	5	4	1

Ⅳ. 비례대표선거제에 있어서 의석배분상 문제점

1. 초과의석제의 위헌성 여부

(1) 문제상황

다수대표제와 비례대표제를 혼합하는 혼합식 선거제도에서, 특히 독일과 같이 정당별 전체의석배분이 연방차원의 득표율에 기초하여 주 차원의 지역구 의석이 결정되는 2단계 구조를 취하는 경우에 초과의석이 발생한다.[37] 즉, 지역구 의석 우선배분의 원칙에 의해 지역구 의석이 해당 주에 배정된 비례대표의석 보다 많게 되면 그 잉여분만큼 '초과의석'이 발생하게 된다. 2009년 현재 독일 연방의회의원의 총수는 622명으로 실제 법정의원수 598명보다 24석이 더 많다.[38] 이는 연동식(혼합식) 비례대표제를 채택하고 있는 독일연방선거

37 안순철, 선거체제 비교: 제도적 효과와 정치적 영향, 법문사, 1998, 220면 이하 참조.

38 Bayern, 3(CSU); Schleswig-Holstein, 1(CDU); Mecklenburg-Vorpommern, 2(CDU); Sachsen, 4(CDU); Hessen, 0(CDU); Thüringen, 1(CDU); Rheinland-Pfalz 2(CDU); Baden-Württemberg, 10(CDU); Saarland, 1(CDU); Bremen, 0(SPD)로 총 24석의 초과의석이 발생하였다(http://www.wahlrecht.de/news/2009/bundestagswahl-2009.htm).

의 특수성에 기인한 것으로서 이른바, '초과의석'[39](Überhangmandate)이 발생했기 때문이다.

초과의석이 발생하는 원인으로는 '불균형한 선거구 획정', '저조한 투표참여율', '분할투표' 후보자간 과다경쟁 등이 있다.[40] 그 밖에 초과의석의 발생원인으로는 단순다수제 선거구의 규모, 정당간 경쟁구도, 유권자의 투표행태 등 다양한 요인이 작용한다.[41]

독일에서는 이러한 초과의석이 점차 빈번하게 발생하였는데, 결국 이러한 초과의석은 군소정당에게 돌아가는 것이 아니라, 기민당(CDU)이나 사민당(SPD) 등 거대정당에게 분배되는 현상이 나타나게 되었다. 이는 특정 다수당이 압도적 다수를 차지하지 못하고 연정(聯政)을 해야 하는 독일의 상황하에서는 정권획득이 제2투표의 득표율에 따라 어느 정도의 정당별 연방의회의원 의석수를 확보했느냐 보다는 어느 정도의 초과의석을 더 획득했느냐에 좌우되게 되었기 때문이다.[42] 결국 이러한 현실 정치상황에서 초과의석에 대한 위헌성 논란은 계속적으로 일어나고 있었다.

위헌성을 주장하는 견해는 초과의석을 많이 획득한 정당이 그렇지 못한 정당보다 낮은 비율의 제2투표 득표율을 가지고도 더 많은 연방의회의석 수를 획득하게 된다는 것이다. 이는 유권자 개개인의 투표의 결과가치가 동일하게 반영되어야 한다는 원칙에 반하게 된다. 결국 초과의석은 기본법 제38조 제1항에서 규정된 평등선거원칙에 위반한다는 것이다.[43]

이에 반대하는 입장은 기본법 제38조 제3항에는 선거체제의 형성에 대해 입법자에게 광범위한 입법형성권을 부여하였고, 이에 따라 입법자는 순수한 비례대표제가 아닌, '인물화된 비례대표제'를 선택하였다는 것이다. 이러한 선

39 §6 Abs. 5 BWG.; H. Maurer, Staatsrecht I, S. 409 ff. 실제로 1949년(제1기 연방의회) 2석, 1953년(제2기 연방의회) 3석, 1957년(제3기 연방의회) 3석, 1961년(제4기 연방의회) 5석, 1965년(제5기 연방의회) 0석, 1969년(제6기 연방의회) 0석, 1972년(제7기 연방의회) 0석, 1976년(제8기 연방의회) 0석, 1980년(제9기 연방의회) 1석, 1983년(제10기 연방의회) 2석, 1987년(제11기 연방의회) 1석, 1990년(제12기 연방의회) 6석, 1994년(제13기 연방의회) 16석, 1998년(제14기 연방의회) 13석, 2002년(제15기 연방의회) 5석, 2005년(제16기 연방의회) 16석, 2009년(제17기 연방의회) 24석의 초과의석이 발생하였다.

40 홍일선, 비례대표선거와 초과의석, 172-175면.

41 김영태, 독일연방의회 선거체계의 제도적 효과, 국제정치논총 제41집 제3호, 2001 참조.

42 Jörn Ipsen, Wahlrecht im Umbruch, JZ 2002, S. 469 f.

43 홍일선, 비례대표선거와 초과의석, 177면.

거체제에서 초과의석은 인물선거의 의미를 살리기 위한 것이므로 정당성이 인정된다는 것이다.

이 문제에서 핵심이 되는 사항은 초과의석의 인정여부와 관련하여 입법자의 입법형성권이 국회의원 의석수와 관련한 초과의석을 가능하게 하는가이다. 또한 초과의석으로 인해 제2투표의 득표율이 낮음에도 제1투표에 의한 의석수가 많음으로 인하여 더 초과되는 의석을 확보할 수 있게 하는 것은 투표의 결과가치에 반하는지 여부에 관한 논의가 이루어져야 한다.

(2) 독일 연방헌법재판소 판례

초과의석의 위헌성 문제를 둘러싸고 전개된 논쟁은 마침내 독일 연방헌법재판소에 제소되었다. 독일 연방헌법재판소는 직·간접으로 초과의석의 위헌성에 대한 입장을 표명하였다. 연방헌법재판소는 "초과의석은 비례대표선거에서 인물 선거적 특성을 반영하는 한 허용되며, 다만 이를 통해 야기되는 투표가치의 불평등을 해소하기 위하여 불균등한 선거구 획정을 시정해야 한다"고 판시하였다.[44]

결국 1997년 4월 10일 연방헌법재판소는 BVerfGE 95, 335 판결에서 초과의석에 대한 위헌성을 심사하게 되었다.[45] 이 사건은 사민당(SPD)이 투표의 결과가치의 불평등을 이유로 니더작센 주정부를 통해 초과의석을 규정한 연방선거법 제6조 제5항에 대해 추상적 규범통제심판을 청구한 것이었다. 연방헌법재판소의 제2재판부도 내부적으로 팽팽한 의견대립이 있었다. 재판관 8인 중 4인은 초과의석이 연방의회 선거체제의 특성상 허용되기에 합헌이라는 입장을 냈으며, 4인은 결과가치의 평등이라는 평등선거원칙에 반한다는 이유로 위헌이라고 주장하였다. 결국 가부동수일 경우 법률의 위헌결정을 할 수 없다는 연방헌법재판소법 제15조 제4항 제3문에 따라 초과의석을 규정한 연방선거법 제6조 제5항은 합헌으로 선언되었다.

---

44 BVerfGE 16, 130 (140 ff.); BVerfGE 79, 169 (171 f.).

45 이에 대한 평석으로는 R. Backhaus, Neue Wege beim Verständnis der Wahlgleichheit?, DVBl. 1997, S. 737 ff.; P. Badura, Urteilsanmerkung, JZ 1997, S. 681 ff.; D. Ehlers/M. Lechleitner, Die Verfassungsmäßigkeit von Überhangmandaten, JZ 1997, S. 761 ff.; J. Lege, Überhangmandate und Grundmandatsklausel, Jura 1998, S. 462 (465 ff.).

(3) 학 설

초과의석에 관해 합헌론은 인물선거가 가미된 비례대표제체제하에서 초과의석을 인정할 지 여부는 입법권자의 광범위한 입법형성권의 문제라고 한다. 이 경우 평등선거원칙과 관련하여 비례대표제의 경우 투표가치의 평등뿐만 아니라 결과가치의 평등이 모두 요구되나, 다수대표제의 경우 투표가치의 평등만을 요구한다고 한다.

이에 반해 초과의석에 대한 위헌론의 입장에서는 선거체제의 형성에 있어 입법자의 광범위한 입법형성권에 대해 이의를 제기한다. 선거체제를 형성하는 입법자의 입법형성권은 평등선거원칙을 포함한 민주적 선거원칙에 엄격히 구속된다는 주장이다. 이 경우 평등선거원칙은 투표가치의 평등뿐만 아니라 결과가치의 평등을 모두 요구한다는 것이다. 다수대표제는 사표발생을 야기하며 이는 결과가치의 평등에 반하게 된다. 따라서 다수대표제는 평등선거원칙과 조화될 수 없다는 것이다. 결국 평등선거원칙하에서 다수대표제 선거체제는 허용될 수 없으며, 다수대표제적 요소가 반영된 초과의석제도는 위헌이라는 것이다.

(4) 결 어

생각건대, 초과의석제는 독일과 같이 '인물화된 비례대표제'를 지닌 선거체제의 특성하에서는 허용되며, 그로 인한 투표가치의 불평등을 해결하기 위해 불균등한 선거구 획정을 시정하는 수단을 활용한다면, 위헌성을 모면할 수 있다. 그러나 현재의 우리나라 선거제도에서 채택하고 있는 2표 병립제하에서 초과의석제의 인정은 결과가치의 불평등을 초래하여 위헌성이 높다.

2. 부정적 득표비중의 위헌성 여부

일반적으로 모든 선거제도는 득표수의 증대가 의석의 감소를 결과해서는 안되며, 마찬가지로 득표수의 감소가 의석의 증대를 가져오지 않아야 한다는 것을 기본원칙으로 하고 있다. 그러나 독일 선거제도에서는 이러한 기본원칙에 부합하지 않는 다른 결과가 발생한다. 즉, 득표수가 감소할 경우 오히려 더 많은 의석을 얻게 되거나 득표수가 증대할 경우 오히려 의석을 잃게 되는 현상, 즉 "부정적 득표비중"(Negatives Stimmgewicht) 현상이 나타날 수 있다. 독일 선거제도의 이러한 문제점은 의석배분이 쿼터제의 일종인 해어/니마이어 식으로 이루어지기 때문이다. 득표수가 동일함에도 의석수에 변화가 생기는 것은 해어/니마이어 식과 같은 쿼터제가 최대잔여제를 기반으로 하고 있기 때문이다. 즉 쿼터제에서는 정수부분의 의석을 우선 배분하고 나머지 잔여의석을 소수점 이하의 크기 순서에 따라 배정하게 되는데, 이때 다소간의 득표수 변동이 잔여의석 배정에 영향을 주기 때문이다.46

이러한 "부정적 득표비중"의 문제는 전체 의석수가 고정되어 있지 않는 경우 흔히 나타날 수 있는 현상으로, 독일의 경우 초과의석에 의한 총의석수의 증가나 이원적 선거구제와 결합하기에 발생하는 것이다.47 독일처럼 이원적 선거구제에서는 정당별 전체의석이 연방차원에서 배정되기 때문에, 주단위의 정당별 의석수는 변화하게 되고 이에 따라 특정 주에서는 보다 많은 득표가 의석수의 감소할 수 있다.

"부정적 득표비중"의 문제는 소위 알라바마 패러독스(Alabama-Paradox)에서 보다 현실성을 보이게 된다. 알라바마 패러독스는 연방의회 의석이 명목적으로 598석인 경우 민사당은 36석을 획득하게 되지만, 전체 의석이 599석으로 늘어나는 경우 동일한 득표수에도 불구하고 민사당의 의석은 오히려 1석이 줄게 되는 현상을 의미한다. 이러한 알라바마 패러독스는 전체 의석수가 고정되

---

46 김영태, 독일선거제도의 도입 가능성과 한계, 2003, 293면.

47 독일의 2009년 연방의회의 선거결과를 토대로 분석하면, 기민당(CDU)은 슐레스비히-홀스타인(Schleswig-Holstein)에서 제2투표를 4,978표 적게 득표했다면, 연방의회 의석 1석을 더 획득할 수 있었을 것이다. 기민당은 메클렌부르크-포어폼메른(Mecklenburg-Vorpommern)에서 제2투표를 47,974표 적게 득표했다면, 연방의회 의석 1석을 더 획득할 수 있었을 것이다. 기민당은 작센(Sachsen)에서 제2투표를 13,653표 적게 득표했다면, 연방의회 의석 1석을 더 획득할 수 있었을 것이다. 기민당은 헷센(Hessen)에서 제2투표를 30,156표 적게 득표했다면, 연방의회 의석 1석을 더 획득할 수 있었을 것이다. 기민당은 튜빙엔(Thüringen)에서 제2투표를 7,301표 적게 득표했다면, 연방의회 의석 1석을 더 획득할 수 있었을 것이다. 기민당은 라인란트-팔츠(Rheinland-Pfalz)에서 제2투표를 48,588표 적게 득표했다면, 연방의회 의석 1석을 더 획득할 수 있었을 것이다. 기민당은 바덴-뷰르템베르크(Baden-Württemberg)에서 제2투표를 59,253표 적게 득표했다면, 연방의회 의석 1석을 더 획득할 수 있었을 것이다. 기민당은 자아란트(Saarland)에서 제2투표를 8,154표 적게 득표했다면, 연방의회 의석 1석을 더 획득할 수 있었을 것이다. 사민당(SPD)은 브레멘(Bremen)에서 제2투표를 255표 적게 득표했다면, 연방의회 의석 1석을 더 획득할 수 있었을 것이다(http://www.bundeswahlleiter.de/de/bundestagswahlen/BTW_BUND_09/veroeffentlichungen/wista_grundlagen.pdf 참고).

어 있지 않는 경우 흔히 나타날 수 있는 현상으로, 독일의 경우 초과의석에 의한 의석수의 변동이나 이원적 선거구제와 결합하여 나타난다. 즉, 독일처럼 이원적 선거구제에서는 정당별 전체의석이 연방차원에서 배정되기 때문에, 주 단위의 정당별 의석수는 변화하게 되고 이에 따라 특정 주에서는 보다 많은 득표가 의석수의 감소를 의미할 수 있다.

이는 정당의 전체 의석수의 변화를 의미하는 것이 아니라, 정당의 주별 의석수와 관련되어 있기 때문에 정치적인 의미는 다소 약화되겠지만, 선거원칙상 평등선거 원칙을 침해할 수 있기에 헌법적 위헌문제가 발생할 수 있다. 실제로 2008년 7월 3일 독일 연방헌법재판소는 BVerfGE 121, 266 ff. 판결에서 부정적 득표비중에 대한 위헌성을 심사하게 되었다. 이 사건에서 연방헌법재판소는 "제2투표의 증가로 인한 주 명부상 의석의 상실이나 제2투표의 감소로 인한 주 명부상 의석의 증가가 이루어지는 한, 연방선거법 제7조 제3항 제2문은 독일 기본법 제38조 제1항 제1문에 위배된다"고 판시하였다.[48] "부정적 득표비중"의 문제는 기본적으로 해어/니마이어 식이 채택하는 최대잔여제에 따른 의석배분의 결과라는 점을 고려해 볼 때, 뉴질랜드에서처럼 부정적 득표비중 현상이 발생하지 않으면서 비례성이 상대적으로 높은 나눔수제인 "생라그/쉐퍼스(Sainte-Laguë/Schepers) 방식"을 도입하는 것을 고려해 봄직하다.

Ⅴ. 정책적 제안 및 결론

첫째, 우리나라의 비례대표제의 문제점은 정당별 지역집중 투표현상과 비민주적인 정당공천에 의해 좌우되는 정당명부식 비례대표제라는 점이다. 후자(後者)는 정당의 민주화 및 공천의 민주화로 해결해야 할 문제이다. 우선 전자(前者)를 해결하는 것이 급선무인데, 이를 위해 독일의 인물화된 비례대표제의 도입은 유용한 대안이 될 것이다. 즉, 현재의 광역시와 도를 통합하여 4~6개의 권역별 지방자치단체로 편성하고, 권역내 구(區)와 시(市)의 지역구에서 인물을 중심으로 한 소선거구의 상대다수대표제로 1/2의 국회의원 의석을 정

48 BVerfGE 121, 266 (Leitsatz 1).

하고, 정당을 중심으로 한 각 권역별 지방자치단체 단위로 작성된 정당명부에 입각한 비례대표제에 의해 1/2의 의석을 선출하는 독일식 선거제도의 도입을 검토할 필요가 있다. 독일식 선거제도의 도입은 한국 국회의원 선거제도에서 가장 큰 문제점으로 지적되는 것 중 하나인 다수대표제의 반비례성을 완화할 수 있는 효과적인 방안이 될 수 있다. 특히 독일의 선거제도는 실질적인 의미에서는 비례대표제적 효과를 지니면서도 능력있는 후보자를 선택할 수 있는 기회를 부여하기 때문에 인물위주로 선거를 치러온 우리의 선거문화와 거리감이 없어 보인다.

둘째, 독일선거제도의 도입은 선거권자의 투표행태에도 변화를 가져올 가능성이 높다. 현행 다수대표제 선거에서는 사표방지 심리로 인해 선거권자들이 군소정당 후보자를 회피하고 대정당 소속 후보자를 지지하는 경향이 강하게 나타나지만, 독일식 제도의 도입은 부분적인 투표율 향상과 함께 군소정당의 지지율 향상을 통해 신진 정당에게 의회진출의 기회를 부여할 수 있다. 따라서 독일식 선거제도는 지역구도에 의존한 현재의 정당체계에 변화를 가져다 줄 수 있을 것이다. 즉, 독일식 선거제도의 도입은 지역주의의 약화라는 효과를 가져올 수 있다. 독일식 선거제도를 도입할 경우 다당제를 초래하여 여소야대의 국정현상을 유발한다는 지적이 있을 수 있지만, 우리의 경우 여소야대가 국정을 가로막는 장애물이라고 보기보다는 고착화된 지역주의로 인한 선거문화의 결과가 정치와 제도에 악영향을 미치는 중요요인이라고 보아야 한다.

셋째, 돈트 식에 의해 비례대표의석을 배분하게 되면, 각 정당의 득표수에 비례하여 의석의 배분이 이루어지지 못하는 근본적인 문제점이 발생한다. 반면, 해어/니마이어 식에 의하면, “부정적 득표비중”이라는 본질적인 문제가 발생한다. 이 문제는 기본적으로 해어/니마이어 식이 채택하는 최대잔여제에 따른 의석배분의 결과라는 점을 고려해 볼 때, 뉴질랜드에서처럼 “부정적 득표비중” 현상이 발생하지 않으면서 비례성이 상대적으로 높은 나눔수제인 생라그/쉐퍼스(Sainte–Laguë/Schepers)식을 우리나라 비례대표 의석배분에 사용하는 것이 법정책적으로 타당하리라 본다.

넷째, 독일선거제도의 중요한 문제점인 초과의석의 문제는 오스트리아에서 채택하고 있는 초과의석에 상응하는 의석만큼을 다른 정당의 의석에서 제외하는 방안을 고려해 볼 수 있다. 그러나 이 경우 국회의 규모는 변화하지 않지만 정당간 득표율과 의석율의 비례성이 약화된다는 문제점을 갖는다. 또 다른 방안으로는 독일 바이에른 주에서 적용한 적이 있는 방안으로 초과의석을 배정하지 않는 것이다. 초과의석제가 인물대표성을 반영하지만 득표율과 의석수간의 반비례성을 초래할 수 있기에, 평등선거 원칙의 내용인 투표결과가치의 불평등을 초래하게 되어 위헌성이 높다고 할 수 있다.

다섯째, 독일 선거제도를 도입하는 경우 5% 저지규정이라는 제한조건은 단순다수제와 달리 비례성 원칙을 주요 원칙으로 삼는 선거제도에 있어서 민주주의의 기본원칙인 소수의견의 존중이라는 측면에서 과도하다고 볼 수 있다. 따라서 우리 공직선거법 제189조 제1항에 규정된 3% 저지규정으로 최소한의 군소정당의 난립 방지기능을 수행하는 것이 타당하다.

여섯째, 독일연방선거법에서 허용하는 지역선거와 정당명부에 따른 비례대표선거에 동시에 입후보할 수 있는 "중복입후보제"를 적극적으로 도입할 필요성이 있다. 지역선거나 비례대표선거에 동시 입후보하는 경우, 어느 한쪽에서 낙선한 경우에도 다른 한쪽의 당선으로 의회에 진출할 수 있기 때문에 전문적이고 유능한 정치인의 정치적 사장을 예방할 수 있는 역할을 할 것이다.

제 8 장

우리나라 선거제도의 성공적 실현을 위한 전제조건

CHAPTER 08

우리나라 선거제도의 성공적 실현을 위한 전제조건

Ⅰ. 비례대표 의석수의 확대

비례대표제는 특정한 지역의 대표를 선출하는 선거라기보다는 전국민의 대표·직능대표로서의 성격이 강하기 때문에 대의제도가 요구하는 엘리트·전문가정치의 실현을 용이하게 할 수 있고 선거비용도 줄일 수 있는 제도라고 평가되고 있다.[1] 비례대표제와 관련하여 우선적으로 주장되는 것은 비례대표 의석수의 확대이다.

비례대표제의 가장 중대한 전제는 정당의 민주화 및 이를 통한 국민의사의 정확한 반영인데 이를 확보하지 않은 가운데 비례대표제를 무조건 확대부터 하자고 하는 생각은 무책임하다는 견해도 있다.[2] 비례대표제도에서 정당정치가 활성화된다는 점은 부정적으로 보면 정당이 후보자명부작성에 있어서 독점적인 역할을 하면서 정당의 관료화가 조장될 염려가 있다. 따라서 비례대표제가 실제 기능하기 위해서는 정당의 민주화가 필수적으로 실현되어야 한다.[3]

그러한 전제하에 비례대표 의석수를 의원정수 대비 30% 수준까지 상향조정되어야 한다는 견해[4]가 있으며, 비례대표제 의원의 수를 지역구와 비슷한

1 정연주, 국회의원선거법의 개정방향, 한국공법학회, 제78회 학술발표회, 1998. 11, 29면.
2 장영수, 전게논문, 33면.
3 전광석, 한국헌법론, 법문사, 2006, 461면.
4 박상철, 선거제도의 개혁방안 –선거구와 비례대표제를 중심으로–, 정치개혁입법촉구심포지엄, 2면.

수준으로 증가하거나 아니면 현 제도를 과감히 버리고 지역구와 비례대표를 연동하는 독일식 비례대표제와과 같은 비례대표제도를 전면적으로 도입하는 방안도 주장되고 있다.[5] 선거제도의 개혁이 지향하는 목표들 가운데 가장 중요한 것은 득표율과 의석율의 비례성을 의미하는 대표의 공정성을 개선하는 것이며, 선거제도로서 정당의 지역할거체제를 약화시키겠다는 것도 특정지역에서 지지기반이 약한 정당의 의석을 확보할 수 있도록 선거제도의 비례성수준을 높여야 가능[6]한 것이기 때문에 비례대표 의석수의 확대는 지역주의타파를 위한 방안의 하나로서 제시되고 있다.

생각건대, 헌법 개정시 지역선거구 국회의원 정수와 비례대표 국회의원 정수를 정수로 규정하게 되면, 국회의원 정수의 변경 필요시마다 국민투표를 통한 헌법개정이라는 어려운 절차를 거쳐야 한다. 그러므로 헌법에는 비례대표국회의원 정수의 최소비율을 규정하는 수준으로 규정할 필요성이 있다. 비례대표 국회의원의 최소비율의 하한선으로는, '국회의원 총수의 1/2 이상을 비례대표 국회의원으로 한다'고 규정하여 정책정당으로의 초석을 위한 국회구성이 되도록 해야 할 것이다. 이와 더불어 군소정당의 난립 방지를 위해 공직선거법에 3% 저지규정으로 할 것인지 아니면 그 비율을 상향으로 할 것인지를 결정해야 한다.

Ⅱ. 헌법상 정당에 대한 규율과 정당공천의 민주화

1. 헌법상 정당에 대한 규율

헌법 제8조와 정당법 제2조의 규정에 의거하여 정당은 법적 규율을 받고 있다. 우리 헌법 제8조 제2항은 "정당은 그 목적·조직과 활동이 민주적이어야 하며 국민의 정치적 의사형성에 참여하는데 필요한 조직을 가져야 한다"라고 규정하여 정당내부조직의 민주화의무와 정당의 조직기준에 관한 일정한 의무

5 김욱, 선거제도 개혁방안, 현대사회문화연구소, 227호, 2003. 12, 37면.
6 박찬욱, 선거제도 개관, 박찬욱(편), 비례대표선거제도, 박영사, 2000, 36면.

를 요구하고 있다. 우선 정당은 국민의 정치적 의사형성을 유도하고 통합하는 중요한 기능[7]을 지니므로, 그 조직이 한 지방에만 편중되어서는 안되며 지역적으로 다소 광범위한 조직을 갖출 필요가 있다.

또한 정당은 국가와 사회 간의 정치적 의사형성을 매개하여 주는 중개자로서 기능을 하므로,[8] 정당은 그 조직이 민주적이어야 한다. 이는 정당의 내부질서가 민주적 원칙에 적합하여야 한다는 것이다.[9] 그런데, 정당은 정치적 조직체이기에 그 조직 자체가 필연적으로 "과두화 현상"을 지닐 가능성이 높다. 정당의 내부조직에서 형성되는 과두적·비민주적 지배경향을 배제하기 위하여 헌법은 정당의 민주적 내부질서를 확보하기 위한 법적 규제를 불가피하게 요구한다. 그러나 정당에 대한 법적 규제는 정당내부의 민주화라는 한정된 목적에 필요한 범위 안에서 행해져야 하며, 그것이 국민의 정치활동의 자유나 정당의 단체자치에 부당한 간섭으로 작용해서는 안 된다. 특히 정당의 내부질서에 대한 규제는 그것이 지나칠 때에는 정당의 자유에 대한 침해의 위험성이 있으므로 민주적 내부질서에 필요한 최소한도의 규제로 그쳐야 한다.[10] 즉, 정당에 대한 규제는 정당내의 자유로운 의사형성을 유지하기 위한 것이어야 하며 정당의 내부적 자유를 침해하는 것이어서는 안된다.

---

7 헌재 2003. 10. 30. 2002헌라1, 판례집 제15권 2집 하, 32면. "정당은 국민과 국가의 중개자로서 정치적 도관(導管)의 기능을 수행하여 주체적·능동적으로 국민의 다원적 정치의사를 유도·통합함으로써 국가정책의 결정에 직접 영향을 미칠 수 있는 규모의 정치적 의사를 형성하고 있다. 구체적으로는 각종 선거에서의 입후보자 추천과 선거활동, 의회에서의 입법활동, 정부의 정치적 중요결정에의 영향력 행사, 대중운동의 지도 등의 과정에 실질적 주도권을 행사한다."

8 D. Grimm, Die politischen Parteien, in: E. Benda/W. Maihofer/H. J. Vogel (Hrsg.), Handbuch des Verfassungsrechts der Bundesrepublik Deutschland, 1994, S. 327.

9 헌재 2003. 10. 30. 2002헌라1, 판례집 제15권 2집 하, 32면(정당은 자유로운 지위와 함께 "공공(公共)의 지위"를 함께 가지므로 이 점에서 정당은 일정한 법적 의무를 지게 된다. 현대정치의 실질적 담당자로서 정당은 그 목적이나 활동이 헌법적 기본질서에 부합하지 않으면 안되며, 따라서 정당의 활동은 헌법의 테두리 안에서 보장되는 것이다).

10 헌재 2003. 10. 30. 2002헌라1, 판례집 제15권 2집 하, 32면.

2. 당내민주주의와 공천제도

(1) 헌법상 당내민주주의 요청

정당은 국민의 정치적 의사형성에 있어서 그 결정구조가 대의제 민주주의에서 요구하는 헌법적 요청을 준수하여야 한다. 즉, 민주적 조직을 지니고 민주적으로 활동하여야 하는 헌법적 요청을 충족해야 한다.[11]

정당의 당내민주주의가 확보되기 위해서는 첫째, 조직구성의 민주화가 이루어져야 한다. 당의 조직 및 구성은 정당법이 규율하며, 정당법은 이를 당헌에 위임하고 있다. 정당의 내부규범인 당헌 및 강령의 민주성은 당내민주주의 실현의 초석이다.[12] 즉, 정당의 의사를 "밑으로부터 위로" 전달하기 위한 당의의 상향조직을 갖추어야 한다. 이러한 조직은 소극적으로 정당의 중요 의사결정과정이 1인 또는 소수에 의해 결정되고 조정되는 것이 방지되어야 하며, 적극적으로 정당이 국민의 올바른 의사를 형성하고 중개하는 매개체로서 기능하기 위해 형성되어야 한다. 정당내부의 민주적 구성을 전제로 당원의 의사가 상향식으로 형성될 수 있는 구조와 당원의 의사를 수렴할 수 있는 조직 및 절차를 통해 정당의사가 결정되어야 한다.[13] 이를 위해 현행 정당법은 당원의 총의를 반영할 수 있는 대의기관, 집행기관 및 의원총회를 지녀야 한다고 규정하고 있다.[14] 둘째, 정당의사결정과정에 있어서 다수결의 원칙, 평등의 원칙, 소수의견의 존중 등이 적용되어야 한다. 셋째, 정당의 공직후보자 추천의 민주화와 공천과정의 투명화가 이루어져야 한다. 즉, 정당의 공직선거후보자의 추천(공천)에 있어서 당지도층의 하향식 지명이 배제되고, 당원 및 유권자의 의사 및 영향력이 반영될 수 있는 민주적 절차[15]에 의한 지명이 행해져야 한다. 또한 공천과정이 밀실에서 이루어져서는 안된다. 이를 위한 전제로서 정당의 지도부와 기관의 구성은 당원의 의사에 의해 결정되어야 하며, 정기적

11 허영, 정당국가적 대의민주주의와 선거, 공법연구 제28집 제2호, 42면.

12 장영수, 한국 헌법의 장래와 정당민주화의 의미, 공법연구 제30집 제3호, 2002. 2, 11면.

13 전광석, 정당의 내부질서와 민주적인 공직선거 입후보자 추천, 헌법학연구 제6권 제1호, 2000. 5, 139면.

14 정당법 제29조 제1항 "정당은 민주적인 내부질서를 유지하기 위하여 당원의 총의를 반영할 수 있는 대의기관 및 집행기관과 소속 국회의원이 있는 경우에는 의원총회를 가져야 한다."

15 일반적으로 유권자인 국민이 정당내 경선과정에 참여하는 방식인 "국민경선참여"가 그 대표적이라 할 것이다.

인 선거를 통해 정당의 지도부에 대한 신임을 물을 수 있어야 한다.

(2) 정당공천의 헌법적 성격

헌법상 문제가 되는 것은 정당공천이 정당의 내부사항인지 아니면 공직선거과정의 일부인지 여부가 정당공천의 민주화와 밀접한 관계를 지닌다. 즉, 정당 내부질서의 민주성 문제에 정당의 공직선거입후보자 추천(공천)의 문제가 함께 포함되는 것인가이다.

독일의 경우 과거에는 독일연방의회의원선거를 위한 공천과정은 정당고유기능에 해당한다고 하면서, 공천과정은 정당의 영역이라는 것을 기본법 제21조 제1항[16]을 근거로 삼았다.[17] 즉, 기본법은 정당이 국민의 정치적 의사형성에 참여할 수 있는 권한을 부여하고 있고, 국민의 정치적 의사형성에 참여하는 방법은 선거가 가장 대표적인 것이다. 따라서 정당이 선거에 참여하기 위해서 후보자를 선정하는 행위는 정당의 본질적인 헌법적 기능에 해당한다는 것이다.

그러나 최근에는 정당의 공천과정은 기본법 제38조 제1항[18]의 연방의회의원 선거과정의 일부분이라는 견해가 주장되고 있다.[19] 정당의 공천과정은 기본법 제38조의 연방의회의원선거의 전체 과정 중 일부라는 것이다. 이는 정당공천을 정당의 통제라는 관점에서 정당의 자율에 무조건 맡겨둘 수 없다는 것이다.

독일 기본법 제21조와 기본법 제38조는 상호 대립적인 관계에 있는 것이 아니라, 상호 보완적인 관계에 있고, 양자는 기본법의 민주적 기본질서를 형성해 나가는 중요 조항들이다.[20] 정당공천은 정당과 선거의 경계선에 위치하

---

16 독일 기본법 제21조 제1항 "정당은 국민의 정치적 의사형성에 참여한다. 정당의 설립은 자유이다. 정당의 내부질서는 민주적 원칙에 부합해야 한다. 정당은 그 자금의 출처와 사용에 관하여 그리고 그 재산에 관하여 공개적으로 보고해야 한다."

17 W. Henke, Das Recht der politischen Parteien, 2. Aufl., 1972, S. 193; G. Leibholz, Zum Parteiengesetz von 1967, in: FS für Adolf Arnd zum 65. Geburtstag, 1969, S. 179 (185); K. Stern, Das Staatsrecht der Bundesrepublik Deutschland, Bd. I, 2. Aufl., 1984, S. 448.

18 기본법 제38조 제1항 "독일 연방의회의원은 보통, 직접, 자유, 평등 및 비밀선거에 의하여 선출된다. 연방의회의원은 국민전체의 대표자이고 명령과 지시에 구속되지 않으며, 자신의 양심에만 따른다."

19 Ute Mager, Die Kontrolle der innerparteilichen Kandidatenaufstellung im Wahlprüfungsverfahren, DÖV 1995, S. 9 (13); B. von Nieding, Politische Wahlen und Frauenquoten, NVwZ 1994, S. 1171 (1173).

20 홍일선, 정당의 공천관련 문제해결을 위한 헌법적 기준, 공법연구 제34집 제4호 제1권, 2006. 6, 353면.

고 있기에, 정당공천에 대한 헌법적 근거 규범도 기본법 제21조와 제38조에서 찾을 수 있다. 독일 연방선거법 제21조[21]에서 공천은 당원총회나 특별대표자회의나 일반대표자회의에서 한다고 규정하고 있다. 이는 실제로 정당의 자유로운 선택에 맡겨져 있는 실정이다.

그러나 우리나라의 경우 정당의 당대표 등 간부의 영향력이 지대하므로, 후보자들은 공천을 받기 위해 소수 당 간부들의 의사에 동조하는 것이 일반적일 것이다.[22] 이러한 상황에서 정당공천을 정당내부의 문제로 내버려두면 정당민주주의가 제대로 실현되기 어려우므로, 정당의 자율성을 인정하면서도 헌법상 선거의 일반원칙을 동시에 요구하는 것이 헌법규범과 헌법현실을 인식하여 헌법적 요청을 만족시키는 것이다.

결국, 정당의 공천문제는 정당의 내부적 문제임과 더불어, 국민의 공직선거권의 한 구성부분이기에 국가적인 문제라고 할 수 있다. 따라서 헌법 제8조 제2항의 정당의 조직과 활동이 민주적이어야 한다는 규정과 헌법 제41조 제1항의 선거원칙은 정당내부의 공직선거입후보자 추천과정에도 적용되는 것으로 해석될 수 있다. 이는 정당공천과정이 단지 정당의 자율적인 내부규율에 한정되지 않고, 국가의 선거법적 규율대상이 됨을 의미한다. 이 경우 정당의

---

21 독일 연방선거법 제21조 [정당후보자의 선정] ① 지역구의 정당후보자는 지역구후보자선출을 위한 정당의 당원총회에서 혹은 지역구후보자선출을 위한 정당의 특별대표자회의나 일반대표자회의에서 선출된 자가 입후보할 수 있다. 지역구후보자선출을 위한 당원총회는 회의 소집시 각 선거구에서 독일연방의회의원 선거권이 있는 당원으로 구성된다. 특별대표자회의는 상기의 당원총회에서 선출된 대표자들로 구성된다. 일반대표자회의는 (정당법 제6조에 의한) 정당의 강령에 따라 선거수행을 위해 당원총회에서 구성된다.
③ 모든 후보자와 대의원회의의 대표자들은 비밀투표로 선출된다. 후보자선출과정에 참여하는 모든 유권자들은 후보자를 추천할 권리를 가진다. 선출과정에서 모든 후보자들은 자신과 자신의 계획을 적절한 시간내에 소개할 수 있다. 후보자선정과 후보자선출을 위한 대의원회의는 독일연방의회의 의회기가 개시된 이후 각각 32개월, 29개월이 지난 이후에만 실시될 수 있다. 의회기가 미리 끝난 경우에는 그러하지 아니하다.
⑤ 대표자회의의 대표자선출에 관한 사항, 당원총회와 대표자회의의 소집과 의결권에 관한 사항 및 후보자선출에 관한 자세한 사항은 정당이 강령으로 정한다.
⑥ 선출된 후보자의 등록시 정당은 후보자가 선출된 회의의 장소 및 시간, 회의의 소집형태, 참여한 당원수 그리고 선출결과 등을 기록한 문서를 함께 제출해야 한다. 이 경우 후보자 선출회의의 의장과 2명의 참가자는 지역구선거관리위원장에게 제3항 제1문에서 제3문 사이의 요청들이 존중되었다는 사실을 선서해야 한다. 지역구선거관리위원장은 선서의 진실여부를 조사할 수 있다. 이 경우 지역구선거관리위원장은 형법 제156조에서 의미하는 관청에 해당된다.

22 박상철, 한국정치법학론, 리북, 2008, 143-144면.

공천과정에 있어서 헌법상 요구되는 선거에 관한 기본원칙들[23]이 원칙적으로 준수되어야 함을 요구한다.

(3) 정당공천과 관련한 입후보방식

1) 문제 상황

정당명부의 순번을 지금과 같이 당대표나 당지도부에 의하여 정하는 경우 카리스마적 정당정치행태와 지역감정해소에 아무런 도움도 되지 않고 직접선거의 헌법적 원칙에도 어긋나므로 비례대표명단과 순번은 일반당원이 경선방식에 의하여 정하도록 해야 한다고 주장되고 있다.[24] 비례대표명부의 작성과 관련하여 구체적인 방안이 제시되기도 하는데, 공천심사위원회 등이 비례대표명부의 2~3배수로 후보를 선정하고 이를 대의성을 지닌 기구의 투표를 통하여 다득점 순으로 순번을 결정하는 방식[25]과 공천권을 당지도부가 아닌 일반당원에게 돌려줄 수 있도록 예비선거제도를 도입하자는 견해[26]도 있다.

2) 명부식 연대입후보방식의 종류와 문제점

다수대표제는 개인별 독립입후보 방식을 원칙을 하기 때문에 선거인의 투표는 후보자 중에서 특정인물을 선택하지만, 비례대표제에서는 명부식 연대입후보방식에 의하기 때문에 선거인의 투표는 원칙적으로 특정인물이 아닌, 특정명부를 대상으로 선거한다. 명부식 연대입후보방식에는 '고정명부제'(starre Liste), '가변명부제'(lose gebundene Liste), '개방명부제'(freie Liste) 등이 있다. 첫째, '고정명부제'란 독일연방의회의 선거에서 제2투표의 방식으로 채택하는 것으로, 명부의 내용과 순위는 처음부터 고정적으로 정해놓고 선거에 임하는 방식을 말한다. 둘째, '가변명부제'란 선거인의 투표에 의해서 명부의 순위가 변동될 수 있는 제도로, 독일 Bayern 주의회의 선거에서 채택되는 방식이며 선거인에게 명부의 선택뿐만 아니라 인물선택권까지 함께 부여함으로써 정당의

23 이는 정당의 공천과정에도 헌법 제41조 제1항과 제67조 제1항의 선거상 기본원칙인 보통·평등·직접·비밀선거가 적용되어야 함을 의미한다. 물론 이러한 선거원칙은 정당의 특성상 완화되거나 예외를 허용할 수도 있을 것이다.

24 박상철, 선거제도의 개혁방안, 2면.

25 손혁재, 새로운 정치 패러다임과 선거제도 개혁, 안보문제연구원, 통일로, 177호, 2003. 5, 117면.

26 박동천, 선거제도와 정치적 상상력, 책세상, 2000, 118면.

수뇌부에 의해서 일방적으로 정해지는 후보자선정과 명부내의 후보순위를 주권자의 의사에 따라 수정하여 건전한 정당정치를 실시하고자 하는 방식이다. 가변명부제에 의하면, 선거인에게 최소한 두 개의 투표권이 주어져서, 하나의 투표는 명부의 선택에, 또 하나의 투표는 명부내의 후보자의 선택에 사용토록 하는 경우가 있다. 아니면, 선출의원 수만큼의 투표권이 주어지도록 하는 경우도 있는데, 이 경우 선거인은 다수의 투표권을 명부내의 여러 후보자에게 분산시킬 수도 있지만, 원하는 경우에는 특정한 후보들만을 묶어서 행사하는 것도 가능하다. 셋째, '개방명부제'는 정당이 작성한 후보자명부는 단순히 제안적인 의미밖에 갖지 못하고 선거인은 그 투표권행사에 있어서 각 정당의 제안명부 중에서 선거인 자신이 독자적으로 명부를 작성할 수 있다. 독일의 Bayern 주와 Baden-Würtemberg 주의 지방자치단체선거에서 채택하고 있다. 즉, 선거인은 여러 정당이 제안한 여러 명부 중에서 자신의 선호자 명부를 독자적으로 작성하여 투표한다. 그러나 가변식 내지 개방명부식 제도는 기술상의 어려움이 따른다. 예를 들면, 선거인이 식별가능한 적정규모의 명부가 작성되어야 하고, 정당내의 유력자가 상대적으로 지명부가 높은 후보자에게 뒤지는 경우의 발생 등 인기투표식이 될 가능성이 있다. 또한 비례대표후보자의 정치적 역량이나 전문성 등에 대하여는 일반 유권자보다는 정치전문가 및 다양한 자료와 정보를 가진 정당이 선택하는 것이 더욱 합리적일 수 있다는 점은 가변식 내지 개방명부식 제도의 문제로 지적된다.

또한 고정명부식 정당명부는 헌법상 직접선거원칙에 위반될 수 있다는 점이 거론된다. 그러나 정당명부가 이미 선거인의 투표 이전에 작성·확정된 것이고, 선거인이 정당명부의 내용을 알고 있으며, 선거전에 특정정당의 득표와 비례대표의원선출에 영향을 미치는 모든 법적·정치적 행위가 완결되어 있고, 선거인의 투표와 비례대표의원선출 사이에 어떠한 중간선거인이 매개되지 않았다면, 고정명부제에 의한 비례대표선거의 경우도 선거인의 투표가 비례대표의원 선출에 직접적인 영향력을 행사하기 때문에 선거인이 직접 국가기관을 선출한 것이라 할 수 있다.[27] 비례대표제선거의 경우, 선거인은 직접 개개

27 정연주, 현행 비례대표 국회의원선거제도의 문제점과 개선책, 저스티스 통권 제70호, 126-127면.

인의 후보자에게 투표하는 것이 아니라, 정당 내지 정당명부 자체에 투표하는 것이므로, 정당이 후보자명부를 작성하는 경우라도 이는 선거결과의 종국적인 결정권이 선거인의 의사표시에 좌우되기에 직접성이 있다고 보아야 한다.

특정지역에서의 특정정당의 의석독점을 배제하고 전국정당화를 지향하기 위해서는 정당명부비례대표명단의 작성은 전국을 하나의 선거구로 하는 비례대표명단이 바람직하다는 점이 지적되고 있다.[28] 즉, 전국명부가 아닌 권역별 명부는 지역주의투표를 강화할 우려가 있다는 점이 문제된다.[29]

특히 비례대표제 하에서 나타나는 유권자의 정당중심투표가 정책투표로 이어지고 이것이 결국 정당의 정책대결을 유도할 것으로 쉽게 낙관하여서는 안된다는 지적도 유념할 필요가 있다. 이는 정당중심의 투표가 반드시 정책투표로 이어지는 것은 아니며 여기서 중요한 매개변수가 바로 지역주의적 투표성향이라는 것이다. 지역주의가 정당의 지역균열과 결합하여 단순히 후보자의 출신지역을 고려하는 것을 넘어서 후보자가 속하는 정당을 상징하는 지역을 의미하는 것으로 공고화된다면 정당 중심 투표는 오히려 지역주의적 투표를 강화할 수도 있다는 것이다.[30] 그러나 상대적으로 비례대표제는 정당의 지역주의 의존도를 저하시키는 효과는 있는 것으로 평가되기 때문에 비례대표제를 택하는 경우에도 예상되는 문제점을 극복할 구체적인 제도적 장치가 마련될 필요가 있다.

3) 검 토

지역구 국회의원후보 공천의 경우 최종적으로 지역구 구민의 판단을 남겨두고 있기 때문에 선거법의 규율 통제 및 정당의 민주화 요청이 상대적으로 비례대표후보자의 공천보다 완화될 수 있다. 그런데 비례대표후보자의 공천은 선거가 실시되기 이전부터 이미 당선가능성을 실질적으로 예측할 수 있고 유권자가 후보자를 변경할 수 있는 시스템이 아니기에, 사실상 당선된 비례대표 국회의원명부인 셈이다.[31] 따라서 비례대표후보 공천의 경우는 법적으로 정당

28 정만희, 헌법의 기본문제, 세종출판사, 2001, 189면.

29 조기숙, 한국선거제도의 개선논의, 박찬욱(편), 비례대표선거제도, 박영사, 2000, 306면.

30 김욱, 제17대 국회의원선거에 있어서 바람직한 정책대결 유도방안 –선거제도 개혁방안을 중심으로, 선거관리, 49호, 2003. 12, 22면.

31 Kurt Sontheimer/Wilhelm Bleek, Grundzüge des politischen Systems der Bundesrepublik Deutschland,

공천과정에서 강한 민주적 절차가 요구될 수 있다. 독일의 경우처럼 비례대표 명부 접수심사를 실질적으로 심사화할 필요가 있다. 또한 독일연방선거법 제26조[32]의 후보자 승인기간의 법정화를 우리 선거법에 도입하여 후보자등록일 직전에 공천하여 후보검정을 불가능하게 하는 정당공천을 사전에 방지하여야 한다.

Ⅲ. 민주적인 정당공천을 위한 제도개선 방안

1. 들어가는 말

제19대 국회의원 선거와 관련하여 발생한 통합진보당 공천비리사건,[33] 새누리당 당원명부 유출사건[34] 및 새누리당 비례대표의원 공천과 관련하여 H의원의 3억원 공천헌금사건[35]은 우리나라 정당 공천의 구조적 문제점을 여실히 드러낸 사건들이라 할 수 있다. 민주적이고 공정한 정당공천시스템을 갖추지 않고서는 정당의 민주화 및 공직선거의 공정성 확보를 실현하는 것은 요원한 일이다. 정당 공천은 정당의 내부적 사항에 국한된 것이 아니라 공직선거의 중요한 과정이기 때문에 엄격한 법원칙의 적용 및 법적 규율이 요구되는 사항이다.

당내민주주의와 관련하여, 정당의 정책결정과정의 민주성, 당내경선과정의 민주성 및 정당공천의 민주성이 요청된다. 그 중 정당공천은 정당이 공직후보자를 추천함으로써 국가공권력 형성에 있어서 중요한 기능을 담당한다. 따라서 정당공천과정에서 당원의 의사가 정확히 반영되고 당원의 의사가 공정한 절차에 의해 반영되는 조건하에서만 공직선거에서 공천과정은 공정하고 민주

2000, S. 227.

32 독일 연방선거법 제26조 제1항 지역구선거관리위원회는 지역구후보자의 승인여부에 관해 선거개시 58일전에 결정한다. 지역구선거관리위원회는 다음의 사유가 있을 경우에는 후보자를 승인하지 않는다. 1. 후보자가 기일내에 접수하지 못한 경우, 2. 연방선거법과 연방선거규칙에서 규정한 조건을 충족하지 못한 경우

33 http://www.yonhapnews.co.kr/bulletin/2012/05/29/0200000000AKR20120529057600001.HTML?did =1179m

34 http://www2.mhj21.com/sub_read.html?uid=57224&section=sc118

35 http://news.chosun.com/site/data/html_dir/2012/08/03/2012080300320.html

적인 절차로서 기능하며, 결국 당내민주주의를 실현하는 중요한 기반이 된다.

이하에서는 먼저 당내민주주의와 관련한 정당의 헌법적 규율을 살펴보고 정당 공천의 법적 규율과 법적 성격을 고찰해 본다. 그 다음으로 우리나라 정당의 공천에 관한 당헌 규정과 실제를 구체적으로 설명하고 그 문제점을 살펴본다. 또한 논의를 집중하기 위해 미국 정당의 예비선거제도(프라이머리)에 관한 논의는 제외하고, 독일의 연방의회의원 선거후보자 공천에 관해 규정한 연방선거법 규정과 독일 정당의 당헌에서 선거후보자 추천에 관한 규정을 소개함으로써 정당공천과 관련하여 우리 법제도상 필요한 규정과 개선점을 모색해 본다. 마지막으로 우리나라 정당 공천제도상 개선방안을 결론적으로 제시해 본다.

2. 당내민주주의와 공직선거후보자 공천

(1) 헌법상 정당에 대한 규율

우리 헌법은 정당제 민주주의에 바탕을 두고 정당설립의 자유와 복수정당제를 보장하고(헌법 제8조 제1항), 정당의 목적·조직·활동이 민주적인 한 법률이 정하는 바에 의하여 국가가 이를 보호하며, 정당운영에 필요한 자금을 보조할 수 있도록 하는 등(헌법 제8조 제2항 내지 제4항), 정당을 일반결사에 비하여 특별히 두텁게 보호하고 있다. 헌법의 정당에 대한 위와 같은 보호는 정당이 국민의 이익을 위하여 책임 있는 정치적 주장이나 정책을 추진하고 공직선거의 후보자를 추천 또는 지지함으로써 국민의 정치적 의사형성에 참여함을 목적으로 하는 국민의 자발적 조직으로서 다른 집단과는 달리 그 자유로운 지도력을 통하여 무정형적(無定型的)이고 무질서한 개개인의 정치적 의사를 집약하여 정리하고 구체적인 진로와 방향을 제시하며 국정을 책임지는 공권력으로까지 매개하는 중요한 공적 기능을 수행하기 때문인 것이며, 그와 같은 정당의 기능에 상응하는 지위와 권한을 보장하고자 하는 헌법정신의 표현이라 할 수 있다.[36]

---

36 헌재 1991. 3. 11. 91헌마21, 판례집 3, 91; 헌재 2009. 10. 29. 2008헌바146, 판례집 제21권 2집 하, 248, 261.

헌법 제8조와 정당법 제2조의 규정에 의거하여 정당은 법적 규율을 받고 있다. 우리 헌법 제8조 제2항은 "정당은 그 목적·조직과 활동이 민주적이어야 하며 국민의 정치적 의사형성에 참여하는데 필요한 조직을 가져야 한다"라고 규정하여 정당내부조직의 민주화의무와 정당의 조직기준에 관한 일정한 의무를 요구하고 있다.[37] 우선 정당은 국민의 정치적 의사형성을 유도하고 통합하는 중요한 기능[38]을 지니므로, 그 조직이 한 지방에만 편중되어서는 안되며 지역적으로 다소 광범위한 조직을 갖출 필요가 있다. 또한 정당은 국가와 사회간의 정치적 의사형성을 중개하여 주는 기능을 하므로,[39] 정당은 그 조직이 민주적이어야 한다. 이는 정당의 목적이나 활동이 헌법적 기본질서에 부합하려면 정당의 조직과 의사결정과정이 민주적이어야 함을 의미한다.[40]

헌법 제8조 제2항은 헌법 제8조 제1항에 의하여 정당의 자유가 보장됨을 전제로 하여, 그러한 자유를 누리는 정당의 목적·조직·활동이 민주적이어야 하고, 국민의 정치적 의사형성에 참여하는 데 필요한 조직이어야 한다는 요청을 내용으로 하는 것으로서, 정당에 대하여 정당의 자유의 한계를 부과하는 동시에 입법자에 대하여 그에 필요한 입법을 해야 할 의무를 부과하고 있다.[41] 정당은 국민 각자의 선거의 자유와 기회균등을 보장하는 민주사회의 기반 위에서 존립하는 것이므로 당내 민주주의가 확립되고 민의에 따라 정당이 구성되고 공천되는 것을 전제로 해야 한다.[42]

그런데, 정당은 정치적 조직체이기에 그 조직 자체가 필연적으로 "과두화

---

37 헌재 2004. 12. 16. 2004헌마456, 판례집 16-2하, 618, 626.

38 헌재 2003. 10. 30. 2002헌라1, 판례집 제15권 2집 하, 32면. "정당은 국민과 국가의 중개자로서 정치적 도관(導管)의 기능을 수행하여 주체적·능동적으로 국민의 다원적 정치의사를 유도·통합함으로써 국가정책의 결정에 직접 영향을 미칠 수 있는 규모의 정치적 의사를 형성하고 있다. 구체적으로는 각종 선거에서의 입후보자 추천과 선거활동, 의회에서의 입법활동, 정부의 정치적 중요결정에의 영향력 행사, 대중운동의 지도 등의 과정에 실질적 주도권을 행사한다."

39 D. Grimm, Die politischen Parteien, in: E. Benda/W. Maihofer/H. J. Vogel (Hrsg.), Handbuch des Verfassungsrechts der Bundesrepublik Deutschland, 1994, S. 327.

40 헌재 2003. 10. 30. 2002헌라1, 판례집 제15권 2집 하, 32면(정당은 자유로운 지위와 함께 "공공(公共)의 지위"를 함께 가지므로 이 점에서 정당은 일정한 법적 의무를 지게 된다. 현대정치의 실질적 담당자로서 정당은 그 목적이나 활동이 헌법적 기본질서에 부합하지 않으면 안되며, 따라서 정당의 활동은 헌법의 테두리 안에서 보장되는 것이다).

41 헌재 2004. 12. 16. 2004헌마456, 판례집 16-2하, 618, 626.

42 헌재 1989. 9. 8. 88헌가6, 판례집 1, 199, 211-212; 헌재 2009. 10. 29, 2008헌바146, 판례집 제21권 2집 하, 248, 261-262.

현상"을 지닐 가능성이 높다. 정당의 내부조직에서 형성되는 과두적·비민주적 지배경향을 배제하기 위하여 헌법은 정당의 민주적 내부질서를 확보하라는 법적 규제를 불가피하게 요구한다. 그러나 정당에 대한 법적 규제는 정당내부의 민주화라는 한정된 목적에 필요한 범위 안에서 행해져야 하며, 그것이 국민의 정치활동의 자유나 정당의 내부질서에 부당한 간섭으로 작용해서는 안 된다. 특히 정당의 내부질서에 대한 규제는 그것이 지나칠 때에는 정당의 자유에 대한 침해 위험성이 있으므로 민주적 내부질서에 필요한 최소한도의 규제로 그쳐야 한다.[43] 즉, 정당에 대한 규제는 정당내의 자유로운 의사형성을 유지하기 위한 것이어야 하며 정당의 내부적 자유를 침해하는 것이어서는 안 된다.

(2) 당내민주주의와 공천제도

1) 당내민주주의의 요청

정당은 국민의 정치적 의사형성에 있어서 그 결정구조가 대의제 민주주의에서 요구하는 헌법적 요청을 준수하여야 한다. 즉, 민주적 조직을 지니고 민주적으로 활동하여야 하는 헌법적 요청을 충족해야 한다.[44] 정당의 당내민주주의란 정당 내부의 의사형성이 헌법상 기본원칙들, 특히 민주주의 원칙, 다수결의 원칙, 평등의 원칙 등에 합치되어야 한다는 것이다.[45] 따라서 당내민주주의의 요청은 당기구의 구성, 당의 운영, 당의 의사결정, 공직선거의 후보자추천 등이 민주주의 원칙에 부합되게 행해져야 한다.[46]

정당의 당내민주주의가 요청되는 이론적 근거로는 첫째, 정당은 국가와 사회 간의 정치적 의사형성을 매개하여 주는 기능을 헌법적 지위에서 담당하고 있기 때문에, 정당 내부의 민주주의 원칙 적용이 필수불가결하게 요구된다. 둘째, 정당은 정치적 조직체이기 때문에 정당 조직의 과두적·비민주적 지배

---

43 헌재 2003. 10. 30. 2002헌라1, 판례집 제15권 2집 하, 32면.

44 허영, "정당국가적 대의민주주의와 선거", 「공법연구」 제28집 제2호, 62면.

45 정만희, "정당의 내부질서", 「세계헌법연구」 창간호, 국제헌법학회 한국학회, 1994, 74면; 정만희, "정당의 민주적 공천제의 법리", 「공법학연구」 제4권 제1호, 2002. 11, 45면.

46 Vgl. Morlok, in: H. Dreier (Hrsg.), GG−Kommentar, Bd. II, 2006, Art. 21 Rn. 123; 정만희, "정당의 민주적 공천제의 법리", 「공법학연구」 제4권 제1호, 2002. 11, 45면.

경향을 배제하여 정당의 민주적 내부질서를 확보하기 위해서 정당 내부의 민주주의 원칙 적용이 불가피하게 요구된다.

정당의 당내민주주의가 확보되기 위해서는 첫째, 조직구성의 민주화가 이루어져야 한다. 당의 조직 및 구성은 정당법이 규율하며, 정당법은 이를 당헌에 위임하고 있다. 정당의 내부규범인 당헌 및 강령의 민주성은 당내민주주의 실현의 초석이다.[47] 둘째, 정당의 의사를 "밑으로부터 위로" 전달하기 위한 당의의 상향조직을 갖추어야 한다. 이러한 조직은 소극적으로는 정당의 중요 의사결정과정이 1인 또는 소수에 의해 결정되고 조정되는 것이 방지되어야 하며, 적극적으로는 정당이 국민의 올바른 의사를 형성하고 중개하는 매개체로서 기능하기 위해 형성되어야 한다. 정당내부의 민주적 구성을 전제로 당원의 의사가 상향식으로 형성될 수 있는 구조와 당원의 의사를 수렴할 수 있는 조직 및 절차를 통해 정당의사가 결정되어야 한다.[48] 이를 위해 현행 정당법은 당원의 총의를 반영할 수 있는 대의기관, 집행기관 및 의원총회를 지녀야 한다고 규정하고 있다.[49] 셋째, 정당의사결정과정에 있어서 다수결의 원칙, 평등의 원칙, 소수의견의 존중 등이 적용되어야 한다. 넷째, 정당의 공직후보자 추천의 민주화와 공천과정의 투명화가 이루어져야 한다. 즉, 정당의 공직선거후보자의 추천(공천)에 있어서 당지도층의 하향식 지명이 배제되고, 당원 및 유권자의 의사 및 영향력이 반영될 수 있는 민주적 절차[50]에 의한 지명이 행해져야 한다. 또한 공천과정이 밀실에서 이루어져서는 안된다. 이를 위한 전제로서 정당의 지도부와 기관의 구성은 당원의 의사에 의해 결정되어야 하며, 정기적인 선거를 통해 정당의 지도부에 대한 신임을 물을 수 있어야 한다.

2) 정당공천의 법적 성격

정당의 당내민주주의의 요청과 정당의 헌법상 지위나 기능 및 정당 공천

47 장영수, "한국 헌법의 장래와 정당민주화의 의미", 「공법연구」 제30집 제3호, 2002. 2, 11면.

48 전광석, "정당의 내부질서와 민주적인 공직선거 입후보자 추천", 「헌법학연구」 제6권 제1호, 2000. 5, 139면.

49 정당법 제29조 제1항 "정당은 민주적인 내부질서를 유지하기 위하여 당원의 총의를 반영할 수 있는 대의기관 및 집행기관과 소속 국회의원이 있는 경우에는 의원총회를 가져야 한다."

50 일반적으로 유권자인 국민이 정당내 경선과정에 참여하는 방식인 "국민경선참여"가 그 대표적이라 할 것이다.

의 공직선거에서 중요한 요소로서의 역할을 고려하면, 정당의 공직후보자 추천은 공직선거법의 규율을 받아야 한다.

문제는 정당 내부질서의 민주성 문제에 정당의 공직선거입후보자 추천(공천)의 문제가 함께 포함되는 것인가이다. 정당의 공천문제는 정당의 내부적 문제임과 더불어, 국민의 공직선거권의 한 구성부분이기 때문에 국가적 사항이라 할 수 있다. 또한 헌법 제8조 제2항의 정당의 조직과 활동이 민주적이어야 한다는 규정은 정당내부의 공직선거입후보자 추천과정에도 적용되는 것으로 해석될 수 있다. 이는 정당공천과정이 단지 정당의 자율적인 내부규율에 국한되지 않고, 국가의 공직선거법상 규율대상이 됨을 의미한다. 이 경우 정당의 공천과정에 있어서 헌법상 요구되는 선거에 관한 기본원칙들[51]이 원칙적으로 준수되어야 함을 요구한다.

3) 정당공천에 관한 공직선거법상 규율

정당의 공천과정에 대해 공직선거법 제47조[52]에서는 정당은 민주적 절차에 따라 공천을 하도록 규정하고 있다. 또한 정당법 제2조[53]에서 정당을 정의함에 있어서 공직선거의 후보자 추천을 중요한 개념 요소로 삼고 있다. 공직선거에서 정당 공천이 헌법적 정당성을 얻기 위해서는 그 전제조건으로서 정당의 당내민주주의가 확보된 경우에 한하여 그 실효성이 인정될 수 있다. 공

---

51 이는 정당의 공천과정에도 헌법 제41조 제1항과 제67조 제1항의 선거상 기본원칙인 보통·평등·직접·비밀선거가 적용되어야 함을 의미한다. 물론 이러한 선거원칙은 정당의 특성상 완화되거나 예외를 허용할 수도 있을 것이다.

52 공직선거법 제47조(정당의 후보자추천) ① 정당은 선거에 있어 선거구별로 선거할 정수범위안에서 그 소속당원을 후보자(이하 "정당추천후보자"라 한다)로 추천할 수 있다. 다만, 비례대표자치구·시·군의원의 경우에는 그 정수 범위를 초과하여 추천할 수 있다. ② 정당이 제1항의 규정에 따라 후보자를 추천하는 때에는 민주적인 절차에 따라야 한다. ③ 정당이 비례대표국회의원선거 및 비례대표지방의회의원선거에 후보자를 추천하는 때에는 그 후보자 중 100분의 50 이상을 여성으로 추천하되, 그 후보자명부의 순위의 매 홀수에는 여성을 추천하여야 한다. ④ 정당이 임기만료에 따른 지역구국회의원선거 및 지역구지방의회의원선거에 후보자를 추천하는 때에는 각각 전국지역구총수의 100분의 30 이상을 여성으로 추천하도록 노력하여야 한다. ⑤ 정당이 임기만료에 따른 지역구지방의회의원선거에 후보자를 추천하는 때에는 지역구시·도의원선거 또는 지역구자치구·시·군의원선거 중 어느 하나의 선거에 국회의원지역구(군지역을 제외하며, 자치구의 일부지역이 다른 자치구 또는 군지역과 합하여 하나의 국회의원지역구로 된 경우에는 그 자치구의 일부지역도 제외한다)마다 1명 이상을 여성으로 추천하여야 한다.

53 정당법 제2조(정의) 이 법에서 "정당"이라 함은 국민의 이익을 위하여 책임있는 정치적 주장이나 정책을 추진하고 공직선거의 후보자를 추천 또는 지지함으로써 국민의 정치적 의사형성에 참여함을 목적으로 하는 국민의 자발적 조직을 말한다.

직선거법 제47조 제3항[54]에서는 공직선거 중 비례대표국회의원선거에 있어서 후보자 중 100분의 50 이상을 여성으로 추천하도록 하고 있다. 이는 지역구 국회의원선거에서 일정한 여성 비율의 정당 공천을 요구하지 않는 것과 비교하여 평등권 침해의 가능성이 높다. 모든 국회의원선거에 일정한 비율의 여성 할당제를 규정하든지 아니면 당내민주주의 구현을 위해 여성 공천 비율을 정당의 재량에 맡기든지 하여야 한다.

또한 공직선거법 제57조의2[55]에서는 정당 공천을 위한 사전절차로서 당내경선을 할 수 있도록 규정하고 있다. 공직선거법 규정에서는 정당의 당헌·당규 또는 경선후보자간의 서면합의에 따라 당내경선을 여론조사로 대체하는 것을 가능토록 하고 있다. 이는 첫째, 경선후보자간의 서면합의로 당내경선을 여론조사로 변경하는 것이 헌법상 정당국가원리에 부합하는지가 문제된다. 둘째, 당원만의 여론조사가 아닌 일반 국민들에 의한 여론조사는 당내경선이 아닌 여론투표에 의한 공직후보자 추천이기에 정당의 역할을 배제하는 것이 된다.

3. 우리나라 정당의 공천에 관한 당헌 및 그 문제점

(1) 우리나라 정당의 공천에 관한 당헌 규정

1) 새누리당의 당헌

새누리당 당헌[56]에 의하면, 지역구국회의원 선거후보자 공천의 경우에는

54 공직선거법 제47조 제3항 "정당이 비례대표국회의원선거 및 비례대표지방의회의원선거에 후보자를 추천하는 때에는 그 후보자 중 100분의 50 이상을 여성으로 추천하되, 그 후보자명부의 순위의 매 홀수에는 여성을 추천하여야 한다."

55 공직선거법 제57조의2(당내경선의 실시) ① 정당은 공직선거후보자를 추천하기 위하여 경선(이하 "당내경선"이라 한다)을 실시할 수 있다. ② 정당이 당내경선[당내경선의 후보자로 등재된 자(이하 "경선후보자"라 한다)를 대상으로 정당의 당헌·당규 또는 경선후보자간의 서면합의에 따라 실시한 당내경선을 대체하는 여론조사를 포함한다]을 실시하는 경우 경선후보자로서 당해 정당의 후보자로 선출되지 아니한 자는 당해 선거의 같은 선거구에서는 후보자로 등록될 수 없다. 다만, 후보자로 선출된 자가 사퇴·사망·피선거권 상실 또는 당적의 이탈·변경 등으로 그 자격을 상실한 때에는 그러하지 아니하다.

56 새누리당 당헌 제96조(국민공천배심원단) ① 공정하고 투명한 공직후보자추천을 위하여 중앙당과 시·도당에 국민공천배심원단을 둔다. ② 중앙당 및 시·도당 국민공천배심원단은 사회 각 분야 전문가 및 대표성을 띠는 인사 30인 이상으로 각각 구성한다. ③ 중앙당 국민공천배심원단은 최고위원회의 의결을 거쳐 대표최고위원이 임명하며, 시·도당의 국민공천배심원단은 시·도당 운영위원회의 의결 및

시·도당위원장의 추천과 최고위원회의의 의결을 거쳐 대표최고위원이 임명한다. ④ 중앙당 국민공천배심원단은 국회의원, 시·도지사 및 자치구·시·군의 장 후보자중 다음 1호와 2호를, 시·도당 국민공천배심원단은 시·도의회의원 및 자치구·시·군의원 후보자중 다음 3호를 각각 심의대상으로 한다. 1. 국회의원 : 전략지역 및 비례대표 후보자 2. 시·도지사 및 자치구·시·군의 장 : 전략지역 후보자 3. 시·도의회의원 및 자치구·시·군의원 : 전략지역 및 비례대표 후보자 ⑤ 국민공천배심원단의 운영 등 기타 필요한 사항은 당규로 정한다.

제97조(지역구 국회의원 후보자의 추천) ① 지역구 국회의원 후보자는 중앙당 공천위원회의 심사와 최고위원회의의 의결로 확정되며 대표최고위원이 추천한다. ② 중앙당 국민공천배심원단은 중앙당 공천위원회에서 선정한 전략지역 후보자에 대해 적격여부를 심사하여 부적격하다고 판단할 경우, 재적 3분의 2 이상의 의결로 최고위원회의에 재의요구를 권고할 수 있다. ③ 중앙당 공천위원회는 서류심사 및 여론조사를 통해 후보자의 적격여부에 대한 심사를 거쳐, 단수 또는 압축된 후보자를 추천한다. ④ 중앙당 공천위원회는 압축된 복수의 후보자를 대상으로 국민참여선거인단대회를 통하여 후보자를 추천한다. 다만, 국민참여선거인단대회는 중앙당 공천위원회의 결정에 따라 여론조사 경선으로 갈음할 수 있다. ⑤ 지역구 국회의원 후보자의 선출 및 추천에 관한 기타 필요한 사항은 당규로 정한다.

제98조(비례대표 국회의원 후보자 추천) ① 비례대표 국회의원 후보자는 중앙당 공천위원회(중앙당 비례대표공천위원회 포함)에서 지역 및 직역별로 공모를 실시한 후, 후보자와 그 순위를 정하여 국민공천배심원단의 심사와 최고위원회의의 의결을 거쳐 대표최고위원이 추천한다. ② 중앙당 국민공천배심원단은 비례대표 후보자의 적격여부를 심사하여 부적격하다고 판단할 경우, 재적 3분의 2 이상의 의결로 최고위원회의에 재의요구를 권고할 수 있다. ③ 당해 선거의 공천위원회 및 비례대표공천위원회 위원으로 참여한 자는 비례대표 후보자로 추천받을 수 없다. ④ 비례대표 국회의원 후보자는 지역·직능 등의 균형적 안배 및 당내 기여도를 고려하여 선정하고, 전략지역에 30%를 우선 배정하여야 하며, 여성이 50%이상 포함되도록 하되 그 순서는 성별 교차식으로 한다. ⑤ 비례대표 국회의원 후보 대상자 선정 및 비례대표 국회의원 후보자 추천에 관한 기타 필요한 사항은 당규로 정한다.

제99조(시·도지사후보자의 추천) ① 시·도지사후보자 선출을 위한 선거인단 구성은 제90조 내지 제91조의 대통령후보자선출규정을 준용한다. 다만, 선거인단은 시·도 선거인단으로 하며, 유권자의 0.1%이상으로 구성한다. ② 중앙당 국민공천배심원단은 중앙당 공천위원회에서 전략지역으로 선정한 시·도지사후보자에 대해 적격여부를 심사하여 부적격하다고 판단할 경우, 재적 3분의 2 이상의 의결로 최고위원회의에 재의요구를 권고할 수 있다. ③ 시·도지사후보자의 선출 및 추천에 관한 기타 필요한 사항은 당규로 정한다.

제100조(기타 공직후보자의 추천) ① '자치구·시·군의 장' 후보자는 시·도당 공천위원회의 심사와 시·도당 운영위원회의 의결을 거쳐 최고위원회의의 의결로 확정된다. 다만, 시·도당 공천위원회가 자치구·시·군의 장 후보자를 선정하기 곤란한 특별한 사유가 있는 경우, 시·도당 공천위원회의 요청에 의하여 중앙당 공천위원회의 심사와 최고위원회의의 의결로 확정된다. ② 지역구 시·도의회 및 자치구·시·군의회의원후보자는 시·도당 공천위원회의 심사와 시·도당 운영위원회의 의결을 거쳐 최고위원회의의 의결로 확정한다. ③ 비례대표 시·도의회 및 자치구·시·군의회의원후보자는 해당 시·도당 공천위원회(시·도당 비례대표공천위원회 포함)의 심사와 시·도당 운영위원회의 의결을 거쳐 최고위원회의의 의결로 확정되며 대표최고위원이 추천한다. 다만, 비례대표 시·도의회의원 후보에 여성이 50%이상 포함되도록 하며, 순위의 매 홀수에는 여성을 추천한다. ④ 시·도당 국민공천배심원단은 시·도당 공천위원회에서 선정한 전략지역 및 비례대표 시·도의회와 자치구·시·군의회의원 후보자의 적격여부를 심사하여 부적격하다고 판단할 경우, 재적 3분의 2 이상의 의결로 최고위원회의에 재의요구를 권고할 수 있다. ⑤ 시·도당 공천위원회는 원칙적으로 후보자의 추천방식 및 후보자자격심사와 관련하여 관할 당원협의회 운영위원장과의 협의를 거쳐야 한다. ⑥ 시·도당 공천위원회는 서류심사를 통해 후보자에 대한 적격여부를 심사하고, 면접 또는 여론조사를 통하여 단수 또는 압축된 후보자를 추천한다. ⑦ 시·도당 공천위원회는 압축된 복수의 후보자를 대상으로 국민참여선거인단대회를 통하여 후보자를 추천한다. 다만, 국민참여선거인단대회는 시·도당 공천위원회의 결정에 따라 여론조사

중앙당 공천위원회의 심사와 최고위원회의 의결로 확정되며 대표최고위원이 추천한다. 새누리당 당헌 제48조 제2항에 의하면, 중앙당 공천위원회는 최고위원회의의 의결을 거쳐 대표최고위원이 임명하는 당내외 인사 20인 이내의 위원으로 구성한다. 또한 비례대표국회의원 선거후보자 공천의 경우에는 중앙당 공천위원회의 심사 및 국민공천배심원단의 심의를 거쳐 최고위원회의의 의결로 후보자를 확정하는 것을 원칙으로 한다.

실제로 제19대 국회의원선거에서 새누리당은 당원 이외에 일반국민을 포함한 선거인단 투표 방식을 원칙으로 하고, 예외적으로 여론조사, 면접, 후보간 토론회 등을 활용하였다. 그러나 국민참여경선이 실시된 지역구는 8곳에 불과하였다. 또한 새누리당은 장애인이나 다문화가정, 북한이탈주민 등 소수자와 다양한 계층 대표를 배려해 최대 20%까지 가산점을 주고 가산점이 중복될 경우에는 가점이 큰 한 분야에만 부여하였다. 또한 국가와 사회·당에 대한 헌신 및 기여도, 소셜네트워크서비스(SNS)활동, 사회 봉사활동 등 대국민 소통에 대해서는 최대 10%까지 가산점을 주었다.

2) 새정치민주연합의 당헌

새정치민주연합의 당헌[57]에 의하면, 지역구국회의원 선거후보자를 공천

경선(지방의회의원의 경우 후보자추천위원회 포함)으로 갈음할 수 있다. ⑧ 자치구·시·군의 장, 시·도의회의원 및 자치구·시·군의회의원 후보자 선출 및 추천, 후보자추천위원회의 운영 등에 관한 기타 필요한 사항은 당규로 정한다.

제101조(전략지역의 선정 등) ① 각종 공직선거(지역구)에 있어 전략지역(취약지역 포함, 이하 '전략지역'이라 한다)을 선정할 수 있다. ② '전략지역'이라 함은 당해 선거에서 공천위원회가 선거경쟁력을 높이기 위하여 적절하다고 판단한 지역을 말한다. ③ 전략지역의 선정은 국회의원, 시·도지사 및 자치구·시·군의 장 선거의 경우는 중앙당 공천위원회가 하고, 시·도의회 및 자치구·시·군의회의원 선거의 경우는 시·도당 공천위원회가 하되, 최고위원회의의 의결을 통해 확정한다. 단, 광역단체장은 국민참여선거인단대회를 원칙으로 하되, 취약지역에 대해서는 이를 실시하지 아니할 수 있다. ④ 전략지역의 선정과 관련한 기타 필요한 사항은 당규로 정한다.

제102조(재·보궐선거에 대한 특례) ① 제97조(지역구 국회의원후보자의 추천), 제99조(시·도지사후보자의 추천), 제100조(기타 공직후보자의 추천)의 규정에도 불구하고 각종 재·보궐선거를 위한 공직후보자는 중앙당과 시·도당 공천위원회에서 후보자를 선정하여 최고위원회의의 의결을 거쳐 대표최고위원이 추천할 수 있다. ② 제1항의 시행에 관한 기타 필요한 사항은 당규로 정한다.

57 새정치민주연합 당헌 제98조(공직선거후보자추천관리위원회) ① 공직선거 후보자 추천심사를 위하여 중앙당과 시·도당에 공직선거후보자추천관리위원회(이하 본 장에서 "공천관리위원회"라 한다)를 최고위원회의 의결로 설치한다.
② 공천관리위원회는 위원장을 포함하여 15명 이하의 위원으로 구성하며, 필요시 외부 인사를 위원으로 위촉할 수 있다. 이 경우 여성위원이 위원회 정원의 100분의 30 이상이 되도록 구성하여야 한다.

할 경우에는 중앙당공천심사위원회가 심사하여 2명 이상으로 선정하고 경선 방법을 마련하였다. 다만, 예외적으로 당규로 정하는 사유가 있는 때에는 그 사유를 명시하여 단수로 선정할 수 있도록 하였다. 또한 비례대표국회의원 선거후보자를 공천할 경우에는 중앙당비례대표후보자 추천심사위원회를 구성하여 심사하고 순위를 선정한 후 당무위원회의 인준으로 추천이 확정되게 하였다.

새정치민주연합(구(舊) 민주통합당) 제19대 총선 후보자선출을 위한 경선 방안은 국민경선 방법으로 정하였다. 국민경선 방법 중 일반적 방법으로는 모바일투표+현장투표, 후보자간 합의시에는 100% 국민여론조사(최고위원회 결정), 그리고 선거인단 모집결과 해당 선거구 유권자 총수의 2% 미만인 경우에는 모바일(70%)+현장투표(여론조사 30%)로 정하였다. 가산·감산 적용기준과 관련해서는 여성(+15%), 중증장애인(+15%), 청년(+10%, 만 40세 미만, 1972년 4월 12일 이후 출생자), 사무직당직자(+10%, 전·현직 중앙당사무직당직자 및 전·현직 시·도당 법정유급사무원 중 4년 이상 근무한 자. 다만, 심사일 전 4년까지 퇴직한

---

③ 중앙당공천관리위원회의 위원장과 위원은 최고위원회의 심의를 거쳐 당대표가 임명한다.
④ 시·도당공천관리위원회의 위원장과 위원은 시·도당상무위원회의 의결을 거쳐 시·도당위원장이 당대표에게 추천하고, 최고위원회의 심의를 거쳐 당대표가 임명한다.
⑤ 공천관리위원회의 구성 및 운영 등 필요한 사항은 당규로 정한다.
제101조(시·도지사선거후보자 및 지역구국회의원선거후보자 추천) ① 시·도지사선거후보자 및 지역구국회의원선거후보자(이하 본조에서 "후보자"라 한다)는 중앙당공천관리위원회가 심사하여 2명 이상으로 선정하고 경선방법을 마련하되, 당규로 정하는 사유가 있는 때에는 그 사유를 명시하여 단수로 선정할 수 있다.
② 후보자가 단수로 선정된 때에는 최고위원회의 의결 및 당무위원회의 인준으로 추천이 확정된다.
③ 후보자가 2명 이상으로 선정된 때에는 후보자 및 경선방법에 대한 최고위원회의 의결과 경선을 거쳐 최고위원회의 의결 및 당무위원회의 인준으로 추천이 확정된다.
④ 제1항부터 제3항에도 불구하고 당대표는 최고위원회의 의결을 거쳐 전체 선거구 수의 100분의 30 범위 내에서 선거 전략상 특별히 고려가 필요한 선거구(후보자를 포함한다)를 선정하여 당무위원회의 인준을 얻어 추천을 확정할 수 있다.
⑤ 기타 필요한 사항은 당규로 정한다.
제102조(비례대표국회의원선거후보자 추천) ① 당대표는 최고위원회의 심의를 거쳐 중앙당비례대표국회의원선거후보자관리위원회(이하 본조에서 '위원회'라 한다)를 구성한다. 위원회는 비례대표국회의원선거후보자(이하 본조에서 '후보자'라 한다)를 심사하여 그 결과를 당대표에게 보고한다. 다만 그 후보자를 심사함에 있어서 직능, 세대, 성, 지역 등 다양한 사회적 계층을 안분하되, 정치 신인 추천을 원칙으로 한다.
② 당대표는 위와 같이 위원회로부터 추천된 후보자 목록을 당무위원회를 거쳐 중앙위원회에 추천하여 확정한다. 다만, 당대표는 위와 같이 추천된 후보자 중 100분의 30 이내에서 여성, 장애인, 국가유공자, 노인, 청년, 노동, 과학기술인 등 선거 전략상 특별히 고려가 필요한 후보자의 순위를 고르게 안분하여 후보자(순위를 포함한다)를 선정하고, 그 외의 순위는 중앙위원회의 순위투표로 확정한다.
③ 기타 필요한 사항은 당규로 정한다.

자는 제외), 당에 특별한 공로가 있는 자(+10%, 최고위원회의 의결로 추천), 윤리위원회 징계 중 제명, 당원자격정지, 당직자격 정지 또는 당직직위해제에 해당(−10%), 윤리위원회 징계 중 경고에 해당(−5%) 등으로 규정하였다.

표 8-1 새누리당과 새정치민주연합 후보자 공천에 관한 당헌·당규 내용

구 분	새누리당	새정치민주연합
공천기구	○ 공직후보자추천위원회	○ 공직선거후보자추천심사위원회
구성권한	○ 최고위원회의의 의결을 거쳐 대표최고위원이 임명하는 당내외 인사 20인 이내의 위원으로 구성	○ 위원장을 포함하여 15명 이하의 위원으로 구성
공천권한	○ 지역구 국회의원 : 중앙당 공천위원회의 심사와 최고위원회의의 의결로 확정되며 대표최고위원이 추천함 ○ 비례대표 국회의원 : 중앙당 공천위원회(중앙당 비례대표공천위원회 포함)에서 지역 및 직역별로 공모를 실시한 후, 후보자와 그 순위를 정하여 국민공천배심원단의 심사와 최고위원회의의 의결을 거쳐 대표최고위원이 추천한다.	○ 지역구 국회의원 : 후보자 및 경선방법에 대한 최고위원회의 의결과 경선을 거쳐 최고위원회의 의결 및 당무위원회의 인준으로 추천이 확정됨 ○ 비례대표 국회의원 : 중앙당비례대표후보자추천심사위원회를 구성하여 심사하고 순위를 선정한 후 당무위원회의 인준으로 추천 확정
최종 공천권	○ 대표최고위원의 추천	○ 당무위원회의 인준을 얻어 추천

(2) 우리나라 정당들의 당헌에서 정당 공천의 문제점

우리나라 거대 정당의 당헌에 의하면, 소수로 구성된 공직후보자 추천위원회를 통해 비밀리에 공직후보자를 최종적으로 추천할 수 있게 된다. 또한 당지도부가 의지만 있으면 전략공천을 하여 당원의 의사와 무관한 정당 공천을 할 수 있다. 이는 당내민주주의에 기반이 되는 상향식 공천 방식이 아닌 소수의 당지도부에 의한 하향식 공천이 언제든지 가능함을 보여주는 것이다.

4. 독일의 공직선거후보자 공천에 관한 법률과 당헌

현행 독일의 연방의회는 의원 총원이 598명[58]으로 구성된다. 이 중 절반인 299명의 연방의회의원은 전국의 299개의 지역선거구에서 실시하는 인물을 중심으로 한 소선거구제 상대다수대표선거에 의해서 선출되고, 나머지 299명의 연방의회의원은 각 정당이 주 단위로 작성한 전국구후보자 명단에 따라 선출된다.[59] 즉 현행 독일의 연방의회의원선거는 인물을 중심으로 한 소선거구의 상대다수대표제와 함께, 정당을 중심으로 한 각 주(Land) 단위로 작성된 정당명부에 입각한 비례대표제의 연계적(혼합적) 선거제도이다.[60]

(1) 독일 연방선거법상 정당 공천에 관한 규정

1) 지역구후보자 공천에 관한 법적 규율

독일 연방의회의원 선거 지역구후보자 공천에 관해서는 독일 연방선거법 제21조[61]에 규정하고 있다. 독일 연방선거법 제21조는 당원총회나 대의원회의

58 그 동안 독일연방의원정수는 몇 차례의 변화가 있었다. 즉 1949년과 1953년 총선에서는 400명, 그리고 1956년과 1961년 및 1985년에는 494명, 그리고 통독이후인 1990년 이후에는 대폭 늘어난 656명을 그리고 2002년 이후 598명을 현재까지 정수로 정하고 있으나, 초과의석으로 인하여 16회 연방의회 현재 연방의원은 611명이 된다.

59 §1, 4, 5, 6 BWG.

60 §4 BWG; vgl. W. Berg, Staatsrecht, Rn. 192 ff.; R. Zippelius, Allgemeine Staatslehre, S. 194 ff.

61 독일 연방선거법 제21조 【정당후보자의 선출】

(1) 지역구의 정당후보자는 다른 정당의 당원이 아니고 지역구후보자선출을 위한 당원총회 또는 지역구후보자선출을 위한 정당의 특별대의원회의나 일반대의원회의에서 선출된 자가 입후보할 수 있다. 지역구후보자선출을 위한 당원총회는 회의 소집시 각 선거구에서 독일 연방의회의원 선거권을 지닌 당원으로 구성된 회의이다. 특별대의원회의는 위의 당원총회에서 당원들에 의해 선출된 대의원의 회의를 말한다. 일반대의원회의는 정당의 당규(정당법 제6조)에 의거하여 다가오는 선거 수행을 위해 당원총회 중 하나의 회의이다.

(2) 수개의 선거구를 지니는 군 또는 특별시에서는 군 또는 특별시의 경계를 넘지 아니하는 한 다수의 선거구에 대하여 후보자를 공동의 당원총회 또는 대의원회의에서 선출할 수 있다.

(3) 모든 후보자와 대의원회의의 대의원들은 비밀투표로 선출된다. 당원총회나 대의원회의에 참여하는 모든 유권자들은 후보자를 추천할 권리가 있다. 후보자에게는 자신과 자신의 정견에 관해 발표할 수 있는 적절한 기회가 주어져야만 한다. 지역구 후보자 선출은 연방의회의 의회기 개시 후 최소 32개월 이후에, 지역구 후보자선출을 위한 대의원회의의 대의원 선출은 연방의회의 의회기 개시 후 최소 29개월 이후에 실시할 수 있다. 연방의회의 의회기가 종료된 경우에는 적용하지 않는다.

(4) 주의 당 대표단 또는 주에 정당이 없는 경우, 그 선거구가 속하는 주의 당 지역구 대표단 또는 이를 위하여 당규에서 규정하고 있는 기타 기관은 당원총회 또는 대의원의회의 결정에 대하여 이의를 제기할 수 있다. 이의가 제기된 경우에는 재투표를 실시하여야 한다. 그 결과는 최종적 효력을 갖는다.

의 개최기간 및 장소뿐만 아니라 참석인원, 투표결과 등에 관한 상세한 규정을 두고 있다. 지역구 후보자들은 연방선거법 제21조에 따라 지역구후보자선출을 위한 당원총회와 그 대의원회의에서 비밀투표에 의해 결정된다. 지역구 후보자 결정은 연방의회의 의회기 개시 후 32개월이 지난 후에 실시되어야 하며, 지역구 후보자선출을 위한 대의원회의의 대의원선출은 연방의회의 의회기 개시 후 29개월이 지난 후에야 실시될 수 있다고 규정하고 있다. 또한 지역구 후보자는 1인만 선출하도록 규정하고 있다.

2) 주명부 후보자 공천에 관한 법적 규율

독일 연방선거법 제27조 제1항에서는 "주명부는 정당만이 제출할 수 있다"고 규정하고 있어 제2투표에 대한 주명부후보자 등록을 정당만이 작성하여 제출할 수 있도록 하고 있다. 그런데 주명부후보자 공천과정에 관한 법규율은 연방선거법 제27조 제5항에 의하면, 대부분 연방선거법 제21조의 규정들을 준용하도록 규정하고 있다. 따라서 지역구후보자 공천과 동일하게, 주명부후보자선출을 위한 당원총회와 그 대의원회의에서 비밀투표로 결정된다.

또한 독일 연방선거법 제27조, 제28조, 제29조는 각주의 주명부후보자 선출에 관해 상세히 규정하고 있다. 주명부는 정당에 의해서만 제출되도록 되어 있으며, 소수정당의 경우 지난 선거에서 총선거권자의 1/1000명의 서명이 필요하다. 다만, 최소한 선거권자 2,000명 이상의 지지서명을 받도록 규정하고 있다. 주정당후보자 명부에는 정당이름과 약자와 함께 후보자들의 성명이 순서대로 기재되어야 한다. 아울러 정당후보자 명부에 따른 후보자는 1개주에서만 추천될 수 있으며, 서면으로 동의서를 제출해야 한다.

---

(5) 대의원회의의 대의원선출, 당원총회와 대의원회의의 소집과 의결권 및 후보자선출 절차 등에 관한 자세한 사항은 정당이 당규로 정한다.

(6) 지역구후보자 추천서는 후보자가 선출된 회의장소 및 시간, 회의의 소집형태, 참여한 당원수 및 선거결과 등을 기록한 문서의 정본과 함께 제출하여야 한다. 이 경우 회의의 의장과 회의에서 선정한 2인의 참여자는 연방선거법 제3조 제1항에서 제3항의 규정들을 준수되었음을 지역구선거관리위원장에게 선서해야 한다. 지역구선거관리위원장은 선서에 대한 책임을 진다. 이 경우 지역구선거관리위원장은 형법 제156조의 의미에서 관청에 해당된다.

(2) 공천에 관한 독일 정당의 당헌 규정들

1) 노르트라인 베스트팔렌(NRW) 사회민주당(SPD)의 당헌

당헌 제15조 제1항에는, "연방의회와 주의회 선거를 위한 지역구선거후보자의 추천은 연방과 주의 하위 행정구역에서 실시한다. 다수의 시와 게마인데(Gemeinde)를 포괄하는 하위 행정구역에서 그 하위 행정구역의 당규에는 개별 선거구의 대의원회의를 마련하도록 규정해야 한다." 당헌 제15조 제2항에 의하면, "선거구에 속하는 게마인데(Gemeinde) 위원회 및 중소도시 시장의 직접 선거관청을 위한 후보자들은 지역연합에 의해 추천되어야 한다. 하나의 게마인데에 다수의 지역연합들이 존재하는 경우, 게마인데에 속하는 지역연합의 대의원에 의해 또는 게마인데(Gemeinde)에 선거권을 가진 당원 전체의 당원총회에 의해 후보자로 추천되어야 한다." 당헌 제15조 제3항에는, "선거구에 속하지 않는 시의 위원회 및 대도시 시장의 직접선거관청을 위한 후보자들은 하위 행정구역에 있는 지역연합의 대의원에 의해 추천되어야 한다. 직접선거관청을 위한 추천은 당원 전체의 당원총회에서 실시된다." 당헌 제15조 제5항에 의하면, "후보자는 하위 행정구역의 장 및 주지사에 대하여 법적인 이의제기권을 가진다." 당헌 제15조 제6항에 의하면, "이 당헌에서 규정하고 있지 않은 사항으로서 대의원단을 위한 후보자의 추천은 해당하는 하위 선거구의 대의원회의에서 실시된다."

2) 튜링엔(Thüringen) 기독민주연합(CDU)의 당헌

당헌 제50조 제1항에는, "연방의회 의원선거를 위한 선거구후보자의 추천은 대의원회의에서 실시된다." 당헌 제50조 제2항에 의하면, "선거구 대의원회의의 구성원은 선거구에 거주하는 선거권을 가진 정당원 중에서 선출한다. 이를 준비하기 위하여 선거구에 있는 선거구연합은 선거구에 있는 지역연합들 중에 구성원의 개별적 회의를 실시한다. 이 회의에서 일반 선거구대의원회의를 위한 대의원들을 선출한다. 구성원 30명당 1인의 대의원을 선출한다. 대의원의 총수는 전체 구성원의 수에 의해 산출된다." 당헌 제50조 제3항에는, "선거구 대의원회의는 선거구연합의 의장에 의해 소집된다." 당헌 제50조 제4항에 의하면, "선거구 대의원회의에서 회의를 주재할 1인의 의장을 선출한다."

당헌 제50조 제5항에서는, "선거구 대의원회의는 출석인원과 무관하게 의결권을 지닌다." 당헌 제50조 제6항에서는, "선거는 비밀이다. 유효 투표의 과반수를 득한 자가 선출된다." 당헌 제50조 제7항에는, "선거는 연방선거법상의 기간내에 실시되어야 한다."

(3) 독일 정당 공천에 관한 법률과 당헌의 시사점

독일의 법률은 정당 공천에 있어서 연방선거법에서 정당 공천에 관한 당원총회나 대의원회의의 개최기간 및 장소 및 참석인원, 투표결과 등에 관한 상세한 규정을 두고 있다. 이는 정당 공천의 공정성과 절차적 민주성을 강화한 것이고, 정당 공천에 관한 결과의 예측가능성을 담보하는 것이다. 또한 독일 정당의 당헌에서는 대의원회의의 소집권자, 추천절차, 선거의 방법 등이 자세히 규정되어 있다. 즉, 독일은 소수자로 구성된 공천위원회가 공천권을 가진 것이 아니라, 당원총회나 대의원회의에서 선거를 통해 공천권을 행사하게 된다.

5. 결 론

우리나라 공직선거법에서는 정당의 공천에 관한 구체적 규정을 두고 있지 않다. 다만, 공직선거 후보자 추천시에는 민주적 절차에 따라야 한다는 것, 후보자 중 여성을 일정 비율 이상 추천하여야 한다는 것 등만을 규정하고 있다. 따라서 법률 차원에서 본질적이고 중요한 공천에 관한 내용을 결여하고 있는 까닭으로 개별 정당의 당헌과 당규도 구체성을 띠고 있지 못하다.

우리나라 공직선거법에도 독일의 연방선거법에서와 같이 당원총회나 대의원회의의 개최기간 및 장소, 참석인원, 투표결과 등에 관한 상세한 규정을 두어야 하고, 언제까지 당원총회나 대의원회의가 개최되어야 하는지를 명확히 규정할 필요가 있다. 정당의 공직선거후보자 추천은 정당의 내부적 사항일 뿐만 아니라, 공직선거에 관한 중요한 요소이기 때문에 엄격하고 구체적인 법적 규율을 받아야 한다.

정당의 공직선거후보자의 추천과정에는 일정 부분 국민의 참여가 보장되는 것이 헌법상 정당의 국민의사의 중개자 기능과 당내 민주주의원칙에도 부합되게 된다. 다만, 어떠한 요건하에서 어떠한 방법에 의해 국민을 참여시킬 것인가가 논의되고 있다. 정당의 공직선거후보자 선출에 국민이 참여하는 것은 바람직하나 정당의 자유와 정당의 정강을 해치지 않는 범위에서 정당민주화의 요청을 충족시킬 수 있을 것이다. 이와 동시에 공직선거법상 정당의 당헌·당규 또는 경선후보자간의 서면합의에 따라 당내경선을 여론조사로 대체할 수 있도록 한 것은 정당의 자율성과 정당 공천의 취지를 무색하게 만드는 것이므로 일정한 정도 정당 공천과정에 정당구성원의 참여가 필수적으로 요구되도록 규정해야 한다.

주요 정당의 당헌에 의하면, 우리나라 정당의 후보자 공천은 소수자로 구성된 공천위원회가 실질적인 공천권을 행사하도록 규정하고 있다. 이러한 소수자에 의한 공천독점권을 통제할 수 있는 법제도적 장치가 없는 상황에서는 정당공천의 민주성이나 공정성은 담보되기 어렵다. 따라서 독일 정당의 경우처럼 선거권을 가진 당원 전체의 당원총회나 대의원회의에서 선거에 의해 공직선거 후보자를 추천해야 한다.

제 9 장

결 론

CHAPTER

09 결 론

Ⅰ. 독일의 의석배분방식 적용시 5% 저지규정 도입여부

'돈트 식'에 의한 의석배분은 득표율을 각 정당별로 정확히 반영한다고 보기 어렵고, 군소정당보자는 대(大)정당에게 상대적으로 유리한 결과를 낳는다. 반면, '해어/니마이어 식'에 의한 의석배분은 각 정당에게 비례적으로 의석을 배분하며, 대(大)정당보다는 군소정당에게 유리한 배분방식이다. 이 양자의 방식 중 우리나라 비례대표의석배분에 적합한 방식을 헌법상 선거원칙에 입각하여 판단해야 할 것이다.

5% 저지규정은 평등선거의 원칙과 정당설립의 자유를 침해할 가능성이 클 뿐만 아니라, 궁극적으로는 비례대표제의 본질마저도 훼손할 수 있다. 이러한 비판에 대해 독일연방헌법재판소는 다음과 같은 입장을 밝히고 있다. 즉 "연방의회의원선거에서 5% 이상을 득표한 정당에게만 비례대표제에 의한 의석배분을 하는 것은 기회균등의 원칙에 반하는 위헌이 아니며, 또한 5% 저지규정에도 불구하고 소수국민을 대표하는 정당에게는 그 저지선을 낮추는 예외규정을 두는 것 역시 가능할 뿐만 아니라 5% 저지규정과의 택일관계를 인정해서 지역선거구에서 3명 이상의 당선자를 낸 정당에게는 그 정당의 득표율이 설령 5% 이하인 때라도 의석배분을 받도록 하는 것이 가능하다"[1]고 결정하

1 BVerfGE 6, 84 (92); BVerfGE 34, 81 (100 ff.); BVerfGE 1, 208 ff.; 독일 통일 후 처음으로 실시된 1990년 12월 2일 제12대 연방의회선거에서만은 예외적으로 정당별 득표율을 계산함에 있어서 통일

고 있다. 연방헌법재판소가 저지규정의 근거로서 거론하는 것은 '의회존중성'(Parlamentswürdigkeit)과 '통합'(Integration)이었다. 그러나 이러한 연방헌법재판소의 논거는 문제점을 지니고 있다. '의회존중성'은 민주주의 이론에서 모든 문제에 일반적으로 사용하기에는 부적합하다. 특정한 기준이 제시되지 않고 무조건적인 의회존중은 선거법을 조작하기 위한 수단으로 사용되기 쉽다. 또한 '통합'이란 헌법규범에서 요구하는 목적이 아니라, 올바른 정치를 통해 이룬 결과이고 정치의 헌법적 한계라 할 수 있다.

의회선거와 관련한 이 저지규정은 특정의 정부형태와는 상관없이 통상적으로 정당제가 어느 정도 합리적으로 운영되는 대다수의 국가에서 채택되어지고 있다. 다만 위에서 살펴본 바와 같이 이 저지규정은 어느 기준에서 결정하느냐에 따라서 평등선거의 원칙과 조화되지 못하는 경우, 즉 정당의 기회균등권과 투표가치의 평등 등을 침해하게 되는 위험성을 내포하고 있다.[2]

저지규정은 형식적·기계적인 평등취급을 내용으로 하는 정치적 영역에서 평등선거 원칙을 제한한다. 따라서 저지규정을 특별히 정당화할 만한 사유가 존재하여야 한다. 이는 국회가 의사결정능력과 추진력을 갖기 위해 국회구성의 파편화 방지라는 추상적인 논리만으로는 정당화될 수 없다. 그 이외의 정당화 사유가 필요하다. 또한 국회 구성의 파편화 방지라는 것도 실제로 저지규정으로 인하여 국회의 의사결정능력이 상실되었는가 여부를 구체적으로 검증할 수 있어야 한다.[3] 무엇보다도 이와 같은 저지규정은 군소정당 내지 파편정당의 난립을 방지하기 위한 최소한의 범위 내에서 그 기준을 정하여야 할 것이며, 이것이 바로 성공적 운영에 있어서의 또 하나의 관건이라 할 수 있을 것이다.

결국, 독일 선거제도를 도입하는 경우 5% 저지규정의 제한조건은 단순다수제와 달리 비례성을 원칙으로 하는 선거제도의 경우 민주주의의 기본원칙

전의 서독지역과 동독지역을 분리하여 계산함으로써, 5% 저지규정으로 인한 동독지역 정당들의 불이익의 가능성을 최소화하였다.

2 BVerfGE 14, 121 (137).

3 전광석, 한국헌법론, 법문사, 2006, 457면. 독일통일이라는 구체적인 상황에서 5% 저지규정을 일반적으로 적용하는 것은 위헌이라는 결정도 보인다(BVerfGE 82, 322 참조). 이에 관한 결정에 대해서는 전광석, 통일독일 의회선거법의 헌법문제, 헌법판례연구, 2000, 9면 이하 참조.

인 소수의견의 존중이라는 측면에서 과도하다고 볼 수 있기 때문에 신중히 검토되어야 할 것이다. 따라서 우리나라 공직선거법 제189조 제1항[4]의 3% 저지규정을 유지하는 것이 타당한지도 중요한 고려사항이다.

현실적으로 우리나라 국회의원 선거결과 3% 라는 저지규정으로 인해 군소정당 내지 파편정당의 난립이 어느 정도 방지되는 최소한의 마지노선으로 기능하고 있으며, 만약 3%를 넘는 저지규정을 신설한다면 정당간 기회균등권이나 투표가치의 평등권을 침해할 위험이 높다고 생각된다.

Ⅱ. 독일의 의석배분방식 적용시 초과의석제 도입여부

문제는 초과의석제를 우리의 비례대표선거제에도 도입가능한지 여부이다. 이는 선거체제 중 어느 대표제를 채택하고 있느냐와 밀접한 관련이 있다. 독일은 비례대표제를 원칙으로 하고, 다수대표제를 가미한 선거체제이지만, 우리나라는 다수대표제를 원칙으로 하고, 비례대표제를 가미한 선거체제라는 차이점을 인식해야 있다. 또한 만약 독일의 선거제도 중 초과의석제를 도입할 경우, 특정정당의 특정지역에서의 몰표로 인한 높은 초과의석발생은 지역주의를 유발하고 전국정당이나 정당의 민주화를 저해하는 결과를 유발할지 여부를 살펴보아야 한다. 초과의석의 문제는 오스트리아에서 채택하고 있듯이 초과의석에 상응하는 의석만큼을 다른 정당의 의석에서 제외하는 방안을 고려해 볼 수 있다. 그러나 이 경우 의회의 규모는 변화하지 않지만 정당간 득표율과 의석율의 비례성이 약화된다는 문제점을 갖는다. 또 다른 방안으로는 독일 바이에른 주에서 적용한 경험이 있는 방안으로 초과의석을 배정하지 않는 것이다. 그러나 이 경우 단순다수결에 의해 1인선거구에서 당선되었음에도 불구하고 의석으로 전환되지 않아 "제1표"를 행사하는 유권자의 의사를 왜곡한다

4 공직선거법 제189조(비례대표국회의원의석의 배분과 당선인의 결정·공고·통지) ① 중앙선거관리위원회는 비례대표국회의원선거에서 유효투표총수의 100분의 3 이상을 득표하였거나 지역구국회의원총선거에서 5석 이상의 의석을 차지한 각 정당(이하 이 조에서 "의석할당정당"이라 한다)에 대하여 당해 의석할당정당이 비례대표국회의원선거에서 얻은 득표비율에 따라 비례대표국회의원의석을 배분한다.

는 문제를 노출한다. 결국 초과의석제를 우리의 비례대표선거제에도 도입하면, 비례대표성을 침해하거나 약화시킬 수 있고, 지역주의 유발 및 정당의 민주화 저해라는 문제를 유발할 수 있다. 또한 초과의석제는 제1투표와 제2투표의 투표가치 등가성 원칙에 위배된다.

Ⅲ. 지역구의석과 비례대표의석의 결합방식

2001년 7월 19일 헌법재판소는 지역선거구에서 표출된 유권자의 의사를 정당에 대한 지지의사로 의제하여 비례대표의석을 배분하도록 규정한 공직선거 및 선거부정방지법(이하 '선거법'이라 함) 제146조 제2항에 대하여 한정위헌결정을 하였다.[5] 이러한 헌법재판소의 결정에 따라 2004년 3월 12일 개정된 선거법에서 1인 2표에 의한 정당명부식 비례대표선거제를 도입하게 되었다.

비례성의 제고와 군소정당의 의회 진출의 확대 및 지역할거주의의 완화 등과 같은 선거제도 개혁의 목표를 위한 방안들이 제시되고 있다.

첫 번째는 지역구의석과 비례대표의석을 연계하여 혼합하는 방식(혼합식)을 통하여 비례대표제를 전면적으로 도입하고자 하는 것이고 두 번째는 현행 우리나라 제도와 같이 지역구의석과 비례대표의석을 독립적으로 병립하는 방식(병립식)에서 비례대표의석을 확대시키는 방안이다. 두 방식은 모두 비례대표제의 효과를 통한 선거제도의 개혁 목표를 달성하고자 하는 것이지만, 혼합식과 병립식은 각 나라의 정치적 현실에 따라 복잡한 문제를 발생시킬 수 있기 때문에 어느 방식을 선택하느냐에 있어서 다각적으로 신중하게 검토할 필요가 있다.

일반적으로 우리나라와 같은 혼합형 선거제도에서는 지역구의석과 비례대표의석을 결합하는 방식에 따라 병립식과 혼합식으로 구분하고 있다.[6] 양 방식은 모두 유권자 한 명이 다수대표제에 1표, 비례대표제에 1표 총 2표를

---

5 헌법재판소 2001. 7. 19. 200헌마91·112·134(병합), 『판례집』 13-2, 77면.

6 병립식은 우리나라, 일본, 러시아, 이탈리아 등에서 채택하고 있고, 혼합식은 독일과 뉴질랜드가 이 제도를 채택하고 있는 대표적인 국가이다. 김도협, "독일 지방의회선거제도와 그 수용필요성에 관한 연구", 『세계헌법연구』 제13권 제2호, 2007, 53면.

행사하는 것은 같지만, 다수대표제와 비례대표제를 구조적으로 분리하여 별도로 운영하는가, 아니면 서로 연계하여 운영하는가에 차이가 있다.

(1) 병립식(현행 우리나라)

병립식이란 지역구 다수대표제와 비례대표제가 서로 연계되어 있지 않고 독립하여 결합한 것으로서, 의석배분에 있어서도 양자가 이미 고정적으로 정해진 의석을 각각 별도로 배분받는 것을 말한다.[7] 즉 현행 우리나라에서와 같이 제1투표에 의하여 지역구당선자가 정해지고, 제2투표에 의하여 비례대표당선자가 정해지는 것이다.

이 제도는 아래에서 설명할 혼합식과 관련한 문제점 중의 하나라고 할 수 있는 초과의석의 발생여지가 없는 반면에 혼합식에 비해 상대적으로 다수세력(제1당) 내지 대정당에게 유리할 뿐만 아니라, 비례대표제의 효과 또한 혼합식에 비해 적다고 평가된다.[8]

(2) 혼합식(독일식)

혼합식이란 각 정당의 의석수가 비례대표선거의 득표 결과에 따라 먼저 정해지고, 각 정당은 정해진 의석수로부터 지역구 다수대표선거에서 얻은 의석수를 빼고 남은 수만큼의 비례대표의석을 할당받는 것을 말한다.[9] 따라서 병립식은 다수제와 비례제가 독립하여 결합되어 비례제의 부분도입이라고 할 수 있는 반면에, 혼합식은 각 정당이 차지하는 총 의석수가 비례제 선거에 의하여 결정된다는 점에서 비례제가 중심이 되는 선거제도라고 할 수 있다.[10]

이 제도는 비례제에 의해 전체의석이 결정되므로 득표율과 대표율의 일치성이 병립식에 비해 높을 뿐만 아니라, 소수신생정당의 원내진출의 가능성을 확대함으로서 결과적으로 비례대표제의 제도적 취지에도 잘 부합된다고 평가되지만,[11] 지역구에 의해 당선된 후보 또한 모두 인정되기 때문에 초과의

---

7 정연주, "현행 비례대표 국회의원선거제도의 문제점과 개선책", 『저스티스』 통권 제70호, 2002, 122면.
8 김도협, 독일 지방의회선거제도와 그 수용필요성에 관한 연구, 52면.
9 박찬욱, "17대 총선에서 2표병립제와 유권자의 분할투표", 『한국정치연구』 제13집 제2호, 2004, 41면.
10 김욱, "독일 연방의회 선거제도가 한국의 선거제도 개혁에 주는 시사점", 『세계지역연구논총』 24집 3호, 2006, 57면.
11 김도협, 독일 지방의회선거제도와 그 수용필요성에 관한 연구, 53면.

석이 발생할 가능성이 높은 것이 단점으로 지적된다.

Ⅳ. 비례대표선거에 의석배분

우리나라 비례대표선거에 적합한 이상적인 의석배분을 위해서는, 평등선거원칙을 준수하여 투표의 결과가치상 평등까지 준수해야 한다. 또한 특정 정당의 투표상 동일한 결과가치를 유지해야 하며, 각 정당의 의석에 대한 동일한 대표가치를 유지해야 하고, 정당간 동일한 만족치를 지녀야 한다. 이를 위한 의석배분방식으로는, 비례성을 최적으로 하는 나눔제수 배분방식인 생라그/쉐퍼스(Sainte−Laguë/Schepers) 방식을 적용하여야 할 것이다. 특히, 생라그/쉐퍼스 방식 중에서도 '소수점이하 버림의 나눔제수' 방식을 채택하여 의석을 배분하여야 한다.

참고문헌

Hans Herbert von Arnim, Wer kümmert sich um das Gemeinwohl? – Auflösung der politischen Verantwortung im Parteienstaat, ZRP 2002, S. 223 ff.

Hans Herbert von Arnim, Gemeidliche Selbstverwaltung und Demokratie, AöR 113 (1988), S. 8 ff.

D. Grimm, Die politischen Parteien, E. Benda/W. Maihofer/H. J. Vogel (Hrsg.), Handbuch des Verfassungsrechts der Bundesrepublik Deutschland, 1994, S. 317 ff.

W. Henke, Die Parteien und der Ämterstaat, NVwZ 1985, S. 616 ff.

H.–D. Horn, Über den Grundsatz der Gewaltenteilung in Deutschland und Europa, in: JÖR, 49 (2001), S. 287 ff.

J. A. Kämmerer, Muss Mehrheit immer Mehrheit bleiben?, Über die Kontroversen um die Besetzung des Vermittlungsausschusses, NJW 2003, S. 1166 ff.

L. Kissler, Der Deutsche Bundestag, in: JÖR, 26 (1977), S. 39 ff.

H. H. Klein, Aufgaben des Bundestages, in: HStR, Bd. 2, 2. Aufl. 1998, §40

J. Lang, Spiegelbildlichkeit versus Mehrheitsprinzip?, NJW 2005, S. 189 ff.

S.–C. Lenski, Paradoxien der personalisierten Verhältniswahl, AöR Bd. 134, 2009, S. 473 ff.

D. Matzick, Das Verfahren der geringsten relativen Abweichung – eine Alternative zu d'Hondt bei Durchführung von Verhältniswahlen, LKV 2005, S. 242 ff.

H. Maurer, Verfassungsrechtliche Grundlagen der kommunalen Selbstverwaltung, DVBl. 1995, S. 1038 ff.

H. Maurer, Staatsrecht I, S. 407 ff.

H. Meyer, Wahlgrundsätze, Wahlverfahren, Wahlprüfung, in: J. Isensee/P. Kirchhof, HStR III, 3. Aufl., 2005, §46.

H. Meyer, Lösungsmöglichkeiten nach dem Wahlrechtsurteil des BVerfG vom 3. Juli 2008, DVBl. 2009, S. 137 ff.

M. Morlok, in: H. Dreier, GGK, Bd. 2, 1998, Art. 38

D. Nohlen, Wahlrecht und Parteiensystem, 1986

Fr. Pukelsheim, Mandatszuteilungen bei Verhältniswahlen: Idealansprüche der Parteien, ZfP 2000, S. 239 ff.

W. Schreiber, Kommentar zum BWG, §6

K. Stein, Die Besetzung der Sitze des Bundestages im Vermittlungsausschuss, NVwZ 2003, S. 557 ff.

P. J. Tettinger, Besonderes Verwaltungsrecht, 5. Aufl., 1998

H.－H Trute, Art. 38 GG, in: v. Münch/Kunig, GGK Bd. 2, 2005

Kay Waechter, Einrichtungsgarantien als Dogmatische Fossilien, DÖV, V. 29 N. 1, 1996, S. 63 ff.

R. Wahl, Das Wahlrecht in der Sondersituation der deutschen Einigung, NJW 1990, S. 2585 ff.

K. O. Zimmer, Nochmals: Zur verfassungsnaeheren Gestaltung der 5%－Klausel, in: DÖV, 1985, S. 101 ff.

찾아보기

[저자 약력]

이 부 하(李 富 夏)

독일 쾰른대학교 법학박사(Dr. iur)
변호사시험 출제위원(제2회, 제3회), 사법시험 출제위원, 입법고시 출제위원
한국공법학회, 한국헌법학회, 한국비교공법학회, 한국법정책학회 상임이사
영남대학교 법학전문대학원 교수(헌법)

주요 저서 및 논문
헌법학원론, 신론사, 2008
표현의 자유와 미국헌법, 한국학술정보, 2007
인권보장을 위한 비교헌법론, 법영사, 2014
비례성원칙과 과소보호금지원칙, 헌법학연구, 2007
선거원칙에 대한 논의와 선거권과 관련한 헌법재판의 심사기준, 법학논총, 2014
위험사회에서 국민의 안전보호의무를 지는 보장국가의 역할, 서울대학교 법학, 2015 외 100여편

민주적 선거를 위한 선거제도 개편

초판인쇄 2015년 9월 30일
초판발행 2015년 10월 5일

지은이 이부하
펴낸이 박노일

총괄기획 김중용
편 집 심성보·김인숙

펴낸곳 pnc publishing and culture 피앤씨미디어
경기도 고양시 일산동구 강송로 153 310-1501
등록 제396-2012-000203호
전 화 070)7550-3758 팩 스 02)718-8554
홈페이지 www.pncmedia.co.kr 이메일 pnc@pncmedia.co.kr
ISBN 979-11-5730-246-8 93360

정 가 18,000원